HIZLI DÜZELTME GÜVEÇ YEMEK KİTABI

Lezzetli Rahat Yemek için 100 Zahmetsiz Tarif

Nehir Bozkurt

Telif Hakkı Malzemesi ©2024

Her hakkı saklıdır

Bu kitabın hiçbir bölümü, incelemede kullanılan kısa alıntılar dışında, yayıncının ve telif hakkı sahibinin uygun yazılı izni olmadan, hiçbir şekilde veya yöntemle kullanılamaz veya aktarılamaz. Bu kitap tıbbi, hukuki veya diğer profesyonel tavsiyelerin yerine geçmemelidir.

İÇİNDEKİLER

İÇİNDEKİLER 3
GİRİİŞ 6
YUMURTA GÜVEÇLERİ 7
   1. Kuşkonmaz – İngiliz Muffin Fırında 8
   2. Fırında Kahvaltı Burritoları 10
   3. Çırpılmış Yumurta ve Jambonlu Pizza 12
   4. Pastırma ve Yumurta Güveç 14
   5. Sosis – Karma kahverengi Kahvaltı Fırında 16
   6. Güneybatı Yumurtaları 18
   7. Kiraz Meyveli Yulaf Ezmesi Güveç 20
   8. Omlet Brunchi 22
   9. Hilal, Karma kahverengi ve Sosisli Fırında 24
   10. Üzümlü Fransız Tostu Güveç 26
   11. Ispanak Frittata 28
   12. İsviçre Sosis Güveç 30
   13. Tarçınlı Üzümlü Rulo Güveç 32
   14. Elmalı Fritter Kruvasan Fırında 34
   15. Yaban Mersinli Fransız Tostu 36
   16. Temel Fransız Tostu Güveç 38
KANATLI GÜVEÇLER 40
   17. Brokoli Tavuk Güveç 41
   18. Kaju Tavuk 43
   19. Peynirli Tavuk 45
   20. Tortilla Çipli Enchiladas 47
   21. Mısır Ekmeği Tavuk Güveç 49
   22. Aile Dostu Tavuk Enchiladas 51
   23. Fiesta Tavuk Güveç 53
   24. Tatlı Limonlu Tavuk Güveç 55
   25. Mangolu Tavuk Güveç 57
   26. Haşhaşlı Güveç 59
   27. Ananaslı Tavuk Güveç 61
   28. Güneybatı Tavuk Roll-Up'ları 63
   29. İsviçre Tavuğu 65
   30. Hindi ve Patates Fırında 67
   31. Teriyaki Tavuk 69
   32. Yabani Pirinç ve Tavuk 71
   33. Fesleğenli Tavuk Güveç 73
   34. Şükran Günü Sonrası Güveç 75

35. Hindi Tortilla Güveç 77
36. Türketti 79
37. Doldurma ve Hindi Güveç 81
38. Türkiye Divanı 83
SEBZE GÜVEÇLERİ 85
39. Güveçte Kuşkonmaz 86
40. Tıknaz Sebzeli Güveç 88
41. Mozzarellalı Patates Güveç 90
42. Kremalı Ispanak Güveç 92
43. Meksika Pizza Güveç 94
44. Tatlı Soğan Güveç 96
45. Vejetaryen Çoban Turtası 98
46. Sebze Dolma Güveç 100
47. Fırında Peynirli Kabak 102
BAKLİYAT VE FASULYE GÜVEÇLERİ 104
48. Yığılmış Siyah Fasulye Tortilla Pastası 105
49. Yeşil Fasulye Güveci 107
50. Indiana Mısır Severler Güveci 109
51. Hominy Güveç 111
PİRİNÇ VE NEREDE GÜVEÇLER 113
52. Erişte Pudingi Güveç 114
53. Morina Makarna Güveç 116
54. Hindi Erişte Güveç 119
55. Deniz Ürünlü Makarna Güveç 121
56. Pirinç ve Yeşil Şili Güveç 123
57. Balık Ve Peynirli Makarna Güveç 125
58. Rotini Fırında 127
59. Cheddar Jambonlu Erişte Güveç 129
60. İtalyan Makarna Fırını 131
61. Fırında Mantı Alfredo 133
DOMUZ GÜVEÇLERİ 135
62. Sosisli Spagetti Güveç 136
63. Kanada Pastırmalı Pizza Fırında 138
64. Brokoli ve Jambonlu Potpie 140
65. Chicago Tarzı Pizza Güveç 142
66. Köy Brokoli, Peynir ve Jambon 144
67. İsviçre Peynirli Domuz Pirzolası 146
68. Karma Kahverengi Cenneti 148
69. Jambalaya 150
70. Portakallı Pirinç ve Domuz Pirzolası 152
71. Sosis Pepperoni Güveç 154
DANA GÜVEÇ 156
72. Dana Çömlek 157

73. Biberli Mısır Ekmeği 159
74. Ençilada Güveci 161
75. Krem Peynirli Enchiladas 163
76. Kırmızı Biber 165
77. Derin Yemek Tacoları 167
78. Kovboy Güveci 169
79. İnanılmaz Çizburger Pastası 171
80. Et ve Patates Güveç 173
81. Köfte Güveç 175
82. Soğan Halkalı Barbekü Fırını 177
83. Özensiz Joe Pie Güveç 179
84. Güneybatı Güveç 181
85. Tater Tot Güveç 183

BALIK VE DENİZ ÜRÜNLERİ GÜVEÇLERİ 185
86. Ton Balığı – Tater Tot Güveç 186
87. Geleneksel Ton Balıklı Güveç 188
88. Hardallı Somon Güveç 190
89. Somon Yemeği Güveç 192
90. Bayou Deniz Mahsüllü Güveç 194
91. Kremalı Deniz Mahsüllü Güveç 196
92. Halibut Güveç 198
93. Fırında Dil ve Ispanaklı Güveç 200
94. Mısır ve Balık Çubuk Güveç 203
95. İstiridye Güveç 205
96. Karides Creole Güveç 208
97. Deniz Ürünlü Graten Güveç 210

TATLI GÜVEÇLER 212
98. Çilekli Kurabiye Güveç 213
99. Çikolata Parçalı Muzlu Krep Güveç 215
100. Smores Güveç 217

ÇÖZÜM 219

GİRİİŞ

"Hızlı Düzeltilen Güveç Yemek Kitabı: Lezzetli, Rahat Yemek için 100 Zahmetsiz Tarif" kitabına hoş geldiniz. Güveçler, her lokmada sıcaklık, lezzet ve ev duygusu sunan, rahat yemeklerin simgesidir. Bu yemek kitabında, mutfakta geçirdiğiniz zamanı kolaylaştırmak ve damak zevkinizi memnun etmek için tasarlanmış 100 ağız sulandıran güveç tarifi koleksiyonuyla sizi kolay ve doyurucu yemeklerin keyfini keşfetmeye davet ediyoruz.

Güveçler, çok yönlülüğü, basitliği ve bir kalabalığı minimum çabayla doyurabilme yetenekleri nedeniyle sevilir. İster hafta içi yoğun bir akşam yemeği için yemek pişiriyor olun, ister küçük bir toplantı için, ister uzun bir günün ardından sadece rahatlatıcı bir yemek istiyor olun, bu sayfalarda ilham ve kolaylık bulacaksınız. Makarna, peynir ve dana straganof gibi klasik favorilerden geleneksel tariflere yenilikçi dokunuşlara kadar her duruma ve her damak tadına uygun bir güveç var.

Bu yemek kitabındaki her tarif, minimum zahmetle maksimum lezzet sağlamak için özenle hazırlanmıştır. Basit talimatlar, ortak malzemeler ve yemek hazırlama ve saklamaya yönelik yararlı ipuçlarıyla, en yoğun günlerde bile lezzetli bir güveci kolaylıkla hazırlayabileceksiniz. İster deneyimli bir ev aşçısı olun ister mutfakta yeni olun, iştahınızı tatmin edecek ve yemek zamanı rutininizi basitleştirecek birçok seçenek bulacaksınız.

O halde, güveç kabınızı alın, fırınınızı önceden ısıtın ve " Hızlı Düzeltilen Güveç Yemek Kitabı "un rahatlatıcı lezzetiyle kendinizi şımartmaya hazırlanın. Dayanılmaz tarifleri ve pratik yemek pişirme yaklaşımıyla bu yemek kitabının, yıllar boyu mutfağınızın vazgeçilmezi olacağı kesin.

YUMURTA GÜVEÇLERİ

1. Kuşkonmaz – İngiliz Muffin Fırında

İÇİNDEKİLER:

- 1 pound taze kuşkonmaz, 1 inçlik parçalar halinde kesilmiş
- 5 İngiliz çöreği, bölünmüş ve kızartılmış
- 2 su bardağı rendelenmiş Colby Jack peyniri, bölünmüş
- 1 ½ su bardağı doğranmış tam pişmiş jambon
- ½ su bardağı doğranmış kırmızı dolmalık biber
- 8 yumurta, dövülmüş
- 2 bardak süt
- 1 çay kaşığı tuz
- 1 çay kaşığı kuru hardal
- ½ çay kaşığı karabiber

TALİMATLAR:

a) 4 litrelik bir tencerede kuşkonmaz parçalarını 1 dakika kaynatın. Pişirme işlemini durdurmak için boşaltın ve büyük bir kase buzlu suya koyun. Kuşkonmazı boşaltın ve kağıt havluyla kurulayın.

b) Yağlanmış 9x13 inçlik bir tavaya bir kabuk oluşturmak için İngiliz çöreği yarımlarını kesilmiş tarafı yukarı bakacak şekilde yerleştirin. Tavadaki boş alanları gerektiği gibi dolduracak şekilde muffinleri kesin. Kuşkonmazı, peynirin yarısını, jambonu ve dolmalık biberi muffinlerin üzerine katlayın.

c) Büyük bir kapta yumurta, süt, tuz, kuru hardal ve karabiberi çırpın. Yumurta karışımını muffinlerin üzerine eşit şekilde dökün. Örtün ve 2 saat veya gece boyunca buzdolabında saklayın. Fırını 375 dereceye ısıtmadan önce buzdolabından çıkarın. 40-45 dakika veya ortası sertleşinceye kadar pişirin. Hemen üzerine kalan peyniri serpin ve servis yapın.

2.Fırında Kahvaltı Burritoları

İÇİNDEKİLER:
- 12 yumurta
- ¾ bardak iri salsa
- 10 orta boy unlu tortilla
- 4 ons doğranmış yeşil biber olabilir
- 1 su bardağı rendelenmiş kaşar peyniri

TALİMATLAR:
a) Fırını 350 dereceye kadar önceden ısıtın.
b) Bir tavada yumurtaları ve salsayı sertleşene ancak kuruyana kadar karıştırın. Tortillaları yumuşayana kadar mikrodalgada ısıtın. Her tortillanın ortasına bir kaşık çırpılmış yumurta karışımından koyun.
c) Tortillayı yuvarlayın ve yağlanmış 9x13 inçlik bir tavaya yerleştirin.
ç) Yeşil biber ve peynir serpin.
d) Kapağını kapatıp 15 dakika pişirin.

3.Çırpılmış Yumurta ve Jambonlu Pizza

İÇİNDEKİLER:
- 1 tüp (13,8 ons) soğutulmuş pizza kabuğu hamuru
- 8 yumurta
- 2 yemek kaşığı süt
- tatmak için biber ve tuz
- 1-½ su bardağı doğranmış tamamen pişmiş jambon
- 1 su bardağı rendelenmiş kaşar peyniri

TALİMATLAR:
a) Fırını 400 dereceye kadar önceden ısıtın.
b) Yağlanmış 9x13 inçlik bir tavanın alt kısmına ve kenarlarına kadar pizza kabuğu hamurunu yayın. 8 dakika pişirin.
c) Bir tavada yumurtaları ve sütü sertleşene ancak kuru olmayana kadar karıştırın ve pişirin. Tuz ve karabiberle tatlandırın.
ç) Sıcak kabuğun üzerine çırpılmış yumurtaları yayın. Jambonu ve peyniri yumurtaların üzerine eşit şekilde yerleştirin.
d) 8-12 dakika veya kabuk altın kahverengi olana ve peynir eriyene kadar pişirin.

4.Pastırma ve Yumurta Güveç

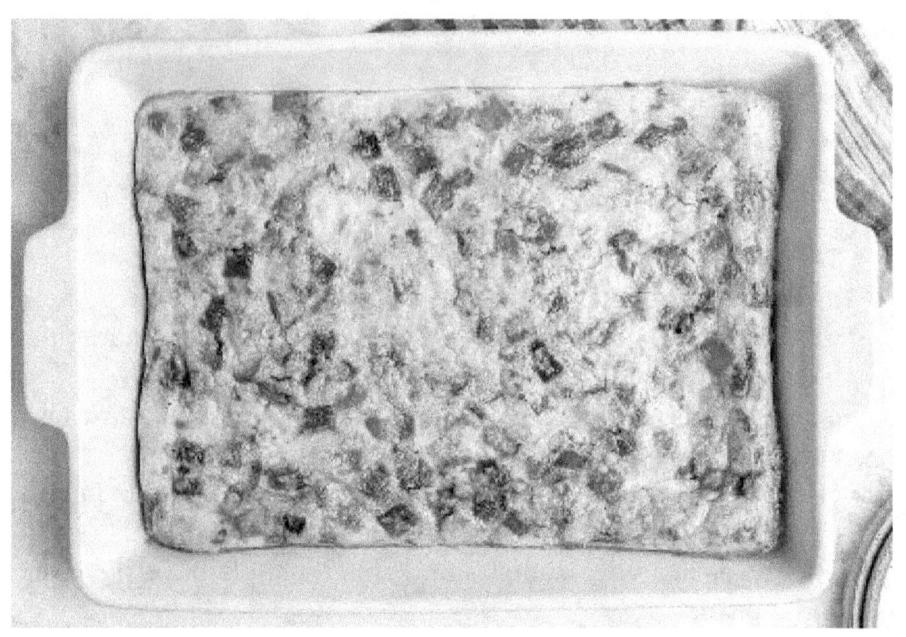

İÇİNDEKİLER:
- 12 yumurta
- 1 bardak süt
- 1 su bardağı rendelenmiş Monterey Jack peyniri, bölünmüş
- 1 pound pastırma, pişmiş ve ufalanmış
- 1 demet yeşil soğan, doğranmış

TALİMATLAR:
a) Fırını 325 dereceye kadar önceden ısıtın.
b) Bir kapta yumurtaları, sütü ve peynirin yarısını çırpın. Pastırma ve soğanı karıştırın. Karışımı yağlanmış 9x13 inçlik bir tavaya dökün.
c) Kapağını kapatıp 45 – 55 dakika veya yumurtalar sertleşinceye kadar pişirin.
ç) Hemen üzerine kalan peyniri serpin ve servis yapın.

5.Sosis – Karma kahverengi Kahvaltı Fırında

İÇİNDEKİLER:

- 3-½ su bardağı dondurulmuş rendelenmiş karma kahverengis
- 1 kiloluk sosis, kızartılmış ve süzülmüş
- 1 su bardağı rendelenmiş kaşar peyniri
- 6 yumurta, dövülmüş
- ¾ bardak süt
- 1 çay kaşığı kuru hardal
- ½ çay kaşığı tuz
- ½ çay kaşığı karabiber

TALİMATLAR:

a) Yağlanmış 9x13 inçlik bir tavanın tabanına karma kahverengileri yayın. Üzerine pişmiş sosis ve peyniri serpin.

b) Bir kapta yumurta, süt, kuru hardal, tuz ve karabiberi birleştirin. Yumurta karışımını sosis ve patates kızartmasının üzerine eşit şekilde dökün. Örtün ve 2 saat veya gece boyunca buzdolabında saklayın.

c) Pişirmeden 20 dakika önce buzdolabından çıkarın ve fırını 350 dereceye ısıtın. Kapağını kapatıp 30 dakika pişirin. Kapağı açın ve 5-8 dakika daha veya ortası ayarlanana kadar pişirin.

6.Güneybatı Yumurtaları

İÇİNDEKİLER:
- 12 yumurta
- ½ bardak süt
- 2 kutu (her biri 4 ons) doğranmış yeşil biber
- ½ su bardağı doğranmış kırmızı dolmalık biber
- 1 su bardağı rendelenmiş kaşar peyniri
- 1 su bardağı rendelenmiş Monterey Jack peyniri

TALİMATLAR:

a) Fırını 350 dereceye kadar önceden ısıtın.

b) Bir kapta yumurta ve sütü çırpın. Bir kenara koyun.

c) Yağlanmış 9x13 inçlik bir tavaya, biberleri, dolmalık biberi ve peyniri katlayın. Üzerine yumurtalı karışımı dökün.

ç) Kapağını kapatıp 30-40 dakika veya yumurtalar ortasına yerleşinceye kadar pişirin.

7. Kiraz Meyveli Yulaf Ezmesi Güveç

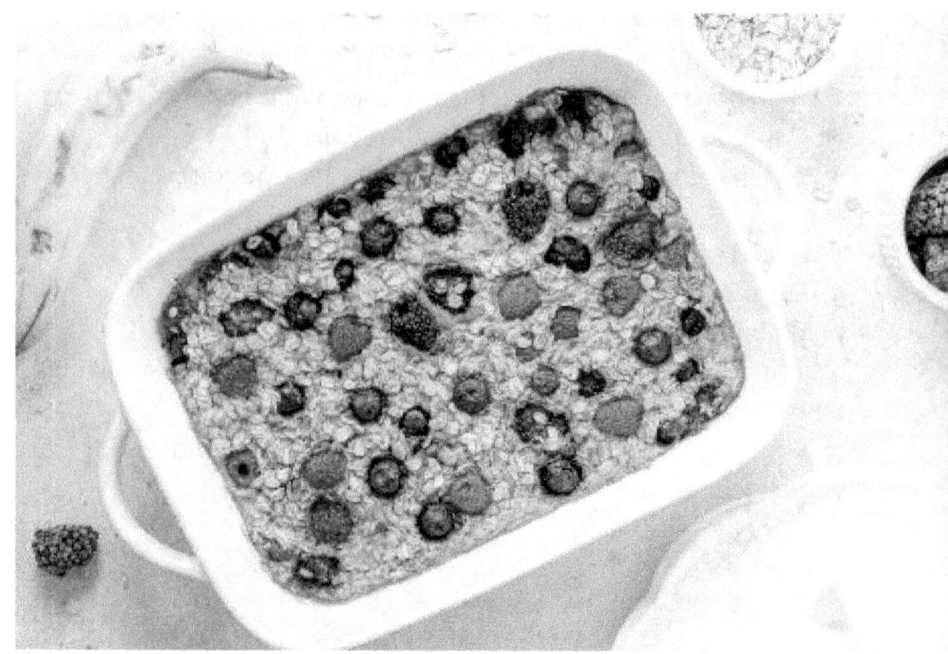

İÇİNDEKİLER:

- 2 su bardağı kuru haddelenmiş yulaf
- ½ bardak artı 2 yemek kaşığı. açık kahverengi şeker
- 1 çay kaşığı kabartma tozu
- 1 çay kaşığı öğütülmüş tarçın
- ½ çay kaşığı tuz
- ½ su bardağı kurutulmuş kiraz
- ½ bardak taze veya çözülmüş dondurulmuş yaban mersini
- ¼ bardak kavrulmuş badem
- 1 bardak tam yağlı süt
- 1 su bardağı yarım buçuk krema
- 1 yumurta
- 2 yemek kaşığı. eritilmiş tuzsuz tereyağı
- 1 çay kaşığı vanilya özü

TALİMATLAR:

a) Fırını 375°'ye önceden ısıtın. Yapışmaz pişirme spreyi ile 8 inçlik kare bir fırın tepsisine püskürtün.

b) Bir karıştırma kabına yulafı, ½ su bardağı esmer şekeri, kabartma tozunu, tarçını, tuzu, kirazları, ¼ su bardağı yaban mersini ve ⅛ su bardağı bademi ekleyin. Birleşinceye kadar karıştırın ve fırın tepsisine yayın.

c) Üzerine ¼ bardak yaban mersini ve ⅛ bardak badem serpin.

ç) Bir karıştırma kabına sütü, yarım buçuk kremayı, yumurtayı, tereyağını ve vanilya özünü ekleyin. Birleşene kadar çırpın ve güvecin üzerine dökün. Karıştırmayın. Üzerine 2 yemek kaşığı esmer şekeri serpin.

d) 30 dakika veya güveç ayarlanıp yulaf ezmesi yumuşayana kadar pişirin. Fırından çıkarın ve servis yapmadan önce güveci 5 dakika dinlendirin.

8.Omlet Brunchı

İÇİNDEKİLER:

- 18 yumurta
- 1 su bardağı ekşi krema
- 1 bardak süt
- 1 çay kaşığı tuz
- ¼ bardak doğranmış yeşil soğan
- 1 su bardağı rendelenmiş kaşar peyniri

TALİMATLAR:

a) Fırını 325 dereceye kadar önceden ısıtın.

b) Büyük bir kapta yumurtaları, ekşi kremayı, sütü ve tuzu çırpın. Yeşil soğanları katlayın. Karışımı yağlanmış 9x13 inçlik bir tavaya dökün. 45-55 dakika veya yumurtalar sertleşinceye kadar pişirin.

c) Servis yapmadan önce hemen üzerine peynir serpin ve kareler halinde kesin.

9.Hilal, Karma kahverengi ve Sosisli Fırında

İÇİNDEKİLER:
- 8 ons tüp soğutmalı hilal rulo hamuru
- 10,4 ons sosis bağlantıları, kızartılmış, süzülmüş ve dilimlenmiş
- 1 su bardağı dondurulmuş rendelenmiş karma kahverengis
- 1 buçuk su bardağı rendelenmiş kaşar peyniri
- 5 yumurta
- ⅓ bardak süt
- tatmak için biber ve tuz

TALİMATLAR:
a) Fırını 375 dereceye kadar önceden ısıtın.

b) Hilalleri açın ve hamuru 12 inçlik yuvarlak bir pizza tepsisinin alt ve yanlarına doğru bastırın.

c) Hamurun üzerine sosis, kızarmış patates ve peynir serpin.

ç) Bir kapta yumurtaları, sütü, tuzu ve karabiberi çatalla çırpın. Yumurta karışımını hamurun üzerine dökün.

d) 30 dakika pişirin.

e) Takozları taze salsa ile servis edin.

10.Üzümlü Fransız Tostu Güveç

İÇİNDEKİLER:

- 1 somun (24 ons) tarçınlı kuru üzüm ekmeği, küp şeklinde
- 6 yumurta, hafifçe çırpılmış
- 3 bardak süt
- 2 çay kaşığı vanilya
- toz şeker

TALİMATLAR:

a) Ekmek küplerini yağlanmış 9x13 inçlik bir tavaya yerleştirin.

b) Bir kasede yumurta, süt ve vanilyayı çırpın. Yumurta karışımını ekmeğin üzerine eşit şekilde dökün. Örtün ve 2 saat veya gece boyunca buzdolabında saklayın.

c) Pişirmeden 20 dakika önce buzdolabından çıkarın ve fırını 350 dereceye ısıtın.

ç) Kapağı açık olarak 45-50 dakika veya altın rengi kahverengi olana kadar pişirin.

d) Üzerine pudra şekeri serpin. Akçaağaç şurubu ile servis yapın.

11. Ispanak Frittata

İÇİNDEKİLER:
- 4 yumurta
- 1 ½ su bardağı süt
- ½ çay kaşığı tuz
- 1 paket (10 ons) dondurulmuş ıspanak, çözülmüş ve süzülmüş
- ¾ bardak rendelenmiş kaşar veya İsviçre peyniri

TALİMATLAR:

a) Fırını 400 dereceye kadar önceden ısıtın.

b) Bir kapta yumurta, süt ve tuzu birlikte çırpın. Karışımı yağlanmış 8x8 inçlik bir tavaya dökün. Ispanakları yumurtalı karışımın üzerine yayın. 17-22 dakika veya yumurtalar sertleşene kadar pişirin. Üzerine peynir serpin.

12.İsviçre Sosis Güveç

İÇİNDEKİLER:

- 10 dilim beyaz ekmek, küp şeklinde
- 1 kiloluk baharatlı sosis, kızartılmış ve süzülmüş
- 4 ons dilimlenmiş mantar, süzülmüş olabilir
- ¾ su bardağı rendelenmiş kaşar peyniri
- 1 ½ su bardağı rendelenmiş İsviçre peyniri
- 8 yumurta, dövülmüş
- 2 bardak yarım buçuk
- 2 bardak süt
- 1 çay kaşığı tuz
- 1 çay kaşığı karabiber

TALİMATLAR:

a) Ekmek küplerini yağlanmış 9x13 inçlik bir tavaya yerleştirin. Pişen sosisleri ekmeğin üzerine ufalayın. Mantarları sosislerin üzerine eşit şekilde yerleştirin ve üzerine peynir serpin.

b) Büyük bir kapta yumurtaları, yarım buçuk, sütü, tuzu ve karabiberi karıştırın. Yumurta karışımını peynirin üzerine eşit şekilde dökün. Örtün ve 2 saat veya gece boyunca buzdolabında saklayın.

c) Pişirmeden 20 dakika önce buzdolabından çıkarın ve fırını 350 dereceye ısıtın. Kapağını kapatıp 30 dakika pişirin. Kapağını açıp 15-20 dakika daha pişirin.

13.Tarçınlı Üzümlü Rulo Güveç

İÇİNDEKİLER:

- 2 kutu soğutulmuş tarçınlı rulo, 12 ons büyüklüğünde
- ¼ bardak açık kahverengi şeker
- 1 bardak kuru üzüm
- 4 yumurta
- ½ bardak ağır krema
- 2 yemek kaşığı. akçaağaç şurubu
- 2 ½ çay kaşığı vanilya özü
- 1 çay kaşığı öğütülmüş tarçın
- 4 ons krem peynir, yumuşatılmış
- 1 su bardağı pudra şekeri
- 4 yemek kaşığı. tuzsuz tereyağı, yumuşatılmış

TALİMATLAR:

a) Fırını 350°'ye önceden ısıtın. Yapışmaz pişirme spreyi ile 10 inç derinliğinde bir pasta tepsisine püskürtün. Tarçın rulolarını kutudan çıkarın.

b) Tarçınlı ruloların yarısını tart kalıbına yerleştirin. Tarçınlı ruloların üzerine 2 yemek kaşığı esmer şeker ve ½ bardak kuru üzüm serpin.

c) Bir karıştırma kabına yumurtaları, kremayı, akçaağaç şurubunu, 2 çay kaşığı vanilya özütünü ve tarçını ekleyin. Birleşene kadar çırpın ve tart kalıbındaki tarçınlı ruloların üzerine dökün. Kalan tarçınlı ruloları üstüne yerleştirin. Kalan esmer şekeri ve ½ bardak kuru üzümü üstüne serpin.

ç) 30 dakika kadar veya güveç ayarlanana ve tarçınlı rulolar altın rengi kahverengiye dönene kadar pişirin.

d) Fırından çıkarın. Bir karıştırma kabına krem peyniri, pudra şekerini, tereyağını ve ½ çay kaşığı vanilya özütünü ekleyin.

e) Pürüzsüz ve birleşene kadar çırpın. Ruloların üzerine yayıp servis yapın.

14.Elmalı Fritter Kruvasan Fırında

İÇİNDEKİLER:
- 6 yemek kaşığı. tuzsuz tereyağı
- ½ su bardağı açık kahverengi şeker
- 3 Granny Smith elması, çekirdeği çıkarılmış ve doğranmış
- 3 Fuji elması, çekirdeği çıkarılmış ve doğranmış
- ½ bardak artı 1 yemek kaşığı. elma yağı
- 1 çay kaşığı mısır nişastası
- 6 büyük kruvasan, küp şeklinde
- ½ bardak ağır krema
- 3 çırpılmış yumurta
- 1 çay kaşığı vanilya özü
- ¼ çay kaşığı elmalı turta baharatı
- ½ su bardağı pudra şekeri

TALİMATLAR:

a) Fırını 375°'ye önceden ısıtın. Yapışmaz pişirme spreyi ile 9 x 13'lük bir fırın tepsisine püskürtün. Orta ateşte büyük bir tavaya tereyağını ekleyin. Tereyağı eriyince esmer şekeri ekleyin. Kahverengi şeker eriyene kadar karıştırın.

b) Elmaları tavaya ekleyin. Birleştirilene kadar karıştırın. 6 dakika veya elmalar yumuşayana kadar pişirin. Tavaya 1 yemek kaşığı elma ezmesi ve mısır nişastasını ekleyin. Birleştirilene kadar karıştırın. Tavayı ocaktan alın.

c) Kruvasan küplerini fırın tepsisine yayın. Elmaları üstüne kaşıkla dökün. Bir karıştırma kabına kremayı, yumurtaları, vanilya özünü, elmalı turta baharatını ve ½ bardak elma tereyağını ekleyin. Birleşene kadar çırpın ve güvecin üzerine dökün.

ç) Kruvasan küplerinin sıvıyla kaplandığından emin olun.

d) 25 dakika veya güveç ortasına yerleşinceye kadar pişirin.

e) Fırından çıkarıp üzerine pudra şekerini serpin. Sıcak servis yapın.

15.Yaban Mersinli Fransız Tostu

İÇİNDEKİLER:

- 12 dilim günlük Fransız ekmeği, 1" kalınlığında
- 5 çırpılmış yumurta
- 2 ½ bardak tam yağlı süt
- 1 su bardağı açık kahverengi şeker
- 1 çay kaşığı vanilya özü
- ½ çay kaşığı öğütülmüş hindistan cevizi
- 1 su bardağı kıyılmış ceviz
- ¼ su bardağı eritilmiş tuzsuz tereyağı
- 2 su bardağı taze veya dondurulmuş yaban mersini

TALİMATLAR:

a) Yapışmaz pişirme spreyi ile 9 x 13'lük bir fırın tepsisine püskürtün. Ekmek dilimlerini fırın tepsisine yerleştirin. Bir karıştırma kabına yumurtaları, sütü, ¾ su bardağı esmer şekeri, vanilya özütünü ve hindistan cevizini ekleyin.

b) Birleşene kadar çırpın ve ekmeğin üzerine dökün. Tavayı plastik ambalajla örtün. En az 8 saat, en fazla 10 saat buzdolabında saklayın. Tavayı buzdolabından çıkarın ve plastik ambalajı tavadan çıkarın.

c) Güveç oda sıcaklığında 30 dakika bekletin. Fırını önceden 400°'ye ısıtın. Cevizleri güvecin üst kısmına serpin. Küçük bir kaseye ¼ su bardağı esmer şekeri ve tereyağını ekleyin. Birleşene kadar karıştırın ve güvecin üzerine serpin.

ç) 25 dakika pişirin. Yaban mersinlerini güvecin üst kısmına serpin.

d) 10 dakika veya güvecin ortasına batırdığınız bıçak temiz çıkana kadar pişirin. Fırından çıkarıp servis yapın.

16.Temel Fransız Tostu Güveç

İÇİNDEKİLER:

- 1 su bardağı açık kahverengi şeker
- ½ su bardağı tuzsuz tereyağı
- 2 bardak hafif mısır şurubu
- 16 ons somun Fransız ekmeği, dilimlenmiş
- 5 çırpılmış yumurta
- 1 ½ su bardağı tam yağlı süt
- Damak tadınıza göre pudra şekeri

TALİMATLAR:

a) Yapışmaz pişirme spreyi ile 9 x 13'lük bir fırın tepsisine hafifçe püskürtün. Düşük ateşte bir sos tavasına esmer şekeri, tereyağını ve mısır şurubunu ekleyin.

b) Birleştirilene kadar karıştırın ve yalnızca tüm malzemeler eriyene kadar pişirin. Tavayı ocaktan alıp fırın tepsisine dökün.

c) Fransız ekmeği dilimlerini şurubun üzerine yerleştirin. Ekmek dilimlerinin tamamını kullanamayabilirsiniz. Gerekirse ekmek dilimlerini uyacak şekilde kesin. Bir karıştırma kabına yumurtaları ve sütü ekleyin. Birleşene kadar çırpın ve ekmek dilimlerinin üzerine dökün. Tavayı plastik ambalajla örtün. En az 8 saat, en fazla 12 saat buzdolabında saklayın.

ç) Tavayı buzdolabından çıkarın. Plastik ambalajı çıkarın ve güvecin oda sıcaklığında 30 dakika bekletin. Fırını 350°'ye önceden ısıtın.

d) 20-30 dakika veya güveç ayarlanıp açık altın rengi kahverengi olana kadar pişirin.

e) Fırından çıkarın ve üzerine pudra şekeri serperek tatlandırın.

KANATLI GÜVEÇLER

17.Brokoli Tavuk Güveç

İÇİNDEKİLER:

- 2 su bardağı doğranmış pişmiş tavuk
- 1 kutu (10,75 ons) kremalı mantar çorbası, yoğunlaştırılmış
- ¼ bardak süt
- ¾ bardak rendelenmiş Monterey Jack peyniri
- 1 paket (10 ons) dondurulmuş brokoli, çözülmüş
- ½ bardak yeşil soğan, dilimlenmiş
- ½ çay kaşığı karabiber

TALİMATLAR:

a) Fırını 350 dereceye kadar önceden ısıtın.

b) Büyük bir kapta tüm malzemeleri birlikte karıştırın. Karışımı yağlanmış 9x13 inçlik bir tavaya yayın.

c) 35-40 dakika veya köpürene kadar pişirin.

18.Kaju Tavuk

İÇİNDEKİLER:
- 1 paket (6,2 ons) kızarmış pilav, baharat paketiyle birlikte
- 2 bardak su
- 2 kemiksiz, derisiz tavuk göğsü, pişmiş ve kuşbaşı
- ½ bardak dilimlenmiş kereviz
- 4 onsluk kestane suyu, süzülmüş
- ⅔ bardak kaju fıstığı

TALİMATLAR:
a) Fırını 350 dereceye kadar önceden ısıtın.
b) Bir kapta pirinci, baharat paketini ve suyu birleştirin.
c) Yağlanmış 9x9 inçlik bir tavaya tavuk, pirinç karışımı, kereviz ve su kestanelerini katlayın. Kapağını kapatıp 30-40 dakika veya pirinç pişene kadar pişirin.
ç) Kaju fıstığı serpin.

19.Peynirli Tavuk

İÇİNDEKİLER:

- 4 ila 6 kemiksiz, derisiz tavuk göğsü
- 1 karton (16 ons) ekşi krema
- 1 kutu (10,75 ons) kremalı kereviz çorbası, yoğunlaştırılmış
- 1 kutu (10,75 ons) kremalı tavuk çorbası, yoğunlaştırılmış
- 1 ¼ bardak su
- 2 su bardağı pişmemiş beyaz pirinç
- 1 su bardağı rendelenmiş kaşar peyniri

TALİMATLAR:

a) Fırını 325 dereceye kadar önceden ısıtın.
b) Tavuğu yağlanmış 9x13 inçlik bir tavaya yerleştirin.
c) Bir kapta ekşi kremayı, çorbaları, suyu ve pişmemiş pirinci birleştirin. Tavukların üzerine dökün. Kapağını kapatıp 1 saat pişirin.
ç) Servis yapmadan hemen önce üzerine peynir serpin.

20.Tortilla Çipli Enchiladas

İÇİNDEKİLER:

- 2 su bardağı doğranmış pişmiş tavuk
- 2 kutu (her biri 10,75 ons) kremalı tavuk çorbası, yoğunlaştırılmış
- 1 su bardağı ekşi krema
- ¼ bardak doğranmış soğan
- 1 torba (12 ons) tortilla cipsi, torbada ezilmiş
- 1 su bardağı rendelenmiş Monterey Jack peyniri
- ½ bardak salsa

TALİMATLAR:

a) Fırını 350 dereceye kadar önceden ısıtın.
b) Büyük bir kapta tavuk, çorba, ekşi krema ve soğanı birleştirin.
c) Yağlanmış 9x13 inçlik bir tavada cipslerin yarısını ve çorba karışımının yarısını katlayın. Katmanları tekrarlayın.
ç) Üzerine peynir serpin ve 30 dakika pişirin. Salsa ile servis yapın.

21.Mısır Ekmeği Tavuk Güveç

İÇİNDEKİLER:
- 4 su bardağı pişmemiş yumurtalı erişte
- 3 su bardağı doğranmış pişmiş tavuk
- 2 kutu (her biri 10,75 ons) kremalı kereviz çorbası, yoğunlaştırılmış
- 1 kutu (15 ons) kremalı mısır
- 2 su bardağı rendelenmiş kaşar peyniri
- 1 paket mısır ekmeği karışımı (8x8 inç tava boyutunda)

TALİMATLAR:

a) Fırını 350 dereceye kadar önceden ısıtın.

b) Erişteleri 5-7 dakika veya pişene kadar kaynatın. Süzün ve tavuk, çorba, mısır ve peynirle karıştırın. Erişte karışımını yağlanmış 9x13 inçlik bir tavaya dökün.

c) Bir kasede mısır ekmeği karışımını pakette listelenen malzemelerle birleştirin. Erişte karışımının üzerine mısır ekmeği hamurunu kaşıkla dökün.

ç) 25-30 dakika veya mısır ekmeğinin üstü altın rengi kahverengi olana kadar pişirin.

22.Aile Dostu Tavuk Enchiladas

İÇİNDEKİLER:

- 3 su bardağı pişmiş ve doğranmış tavuk
- 2 kutu (her biri 10,75 ons) kremalı tavuk çorbası, yoğunlaştırılmış
- 1 su bardağı ekşi krema
- 4 ons yeşil biberleri doğranmış, süzülmüş olabilir
- ¼ bardak kurutulmuş kıyılmış soğan
- 2 ½ su bardağı rendelenmiş kaşar peyniri, bölünmüş
- 10 orta boy unlu tortilla
- ⅓ bardak süt

TALİMATLAR:

a) Fırını 350 dereceye kadar önceden ısıtın.

b) Tavuğu, 1 kutu çorbayı, ekşi kremayı, kırmızı biberi, soğanı ve 1 ½ bardak peyniri birleştirin. Tortillaları ⅓ ila ½ bardak tavuk karışımıyla doldurun.

c) Doldurulmuş ekmeği yuvarlayın ve yağlanmış 9x13 inçlik bir tavaya dikiş tarafı aşağı bakacak şekilde yerleştirin.

ç) Kalan çorbayı sütle birleştirin ve tortilla rulolarının üzerine yayın. Kalan peyniri üstüne serpin.

d) Kapağını kapatıp 25 dakika pişirin. Kapağı açın ve 5-10 dakika daha veya tamamen ısıtılıncaya kadar pişirin.

23.Fiesta Tavuk Güveç

İÇİNDEKİLER:

- 2 su bardağı pişmemiş küçük kabuklu makarna
- 2 su bardağı doğranmış pişmiş tavuk
- 1 kavanoz (16 ons) orta boy salsa
- Bir Avuç Zeytin
- 2 su bardağı rendelenmiş Meksika karışımı peynir

TALİMATLAR:

a) Fırını 350 dereceye kadar önceden ısıtın.
b) Makarnayı paketin üzerindeki talimatlara göre pişirin ve süzün.
c) Tüm malzemeleri yağlanmış 9x13 inçlik bir tavada birleştirin.
ç) Kapağı kapatın ve 20-25 dakika veya tamamen ısıtılıncaya kadar pişirin.
d) Üstüne zeytin koyun.

24.Tatlı Limonlu Tavuk Güveç

İÇİNDEKİLER:

- 6 kemiksiz, derisiz tavuk göğsü
- 2 yemek kaşığı eritilmiş tereyağı veya margarin
- ⅓ su bardağı un
- ⅓ bardak bal
- ¼ bardak limon suyu
- 1 yemek kaşığı soya sosu

TALİMATLAR:

a) Fırını 350 dereceye kadar önceden ısıtın.

b) Tavukları önce tereyağına sonra da una bulayın. Yağlanmış 9x13 inçlik bir tavaya yerleştirin.

c) Bal, limon suyu ve soya sosunu birleştirin. Sosu tavukların üzerine dökün.

ç) Örtün ve 40 dakika veya tavuk bitene kadar pişirin.

25. Mangolu Tavuk Güveç

İÇİNDEKİLER:
- 1 su bardağı pişmemiş beyaz pirinç
- 2 bardak su
- 4 kemiksiz, derisiz tavuk göğsü
- 1 kavanoz (12 ons) mango salsa

TALİMATLAR:

a) Fırını 350 dereceye kadar önceden ısıtın.

b) Yağlanmış 9x13 inçlik bir tavada pirinç ve suyu birleştirin. Tavuğu pirincin üzerine koyun ve üzerine mango salsa dökün.

c) Kapağını kapatıp 1 saat pişirin.

26.Haşhaşlı Güveç

İÇİNDEKİLER:
- 1 ½ pound öğütülmüş hindi
- 1 yeşil veya kırmızı dolmalık biber, doğranmış
- 3 kutu (her biri 8 ons) domates sosu
- ½ çay kaşığı tuz
- ½ çay kaşığı karabiber
- 1 paket (8 ons) krem peynir, küp şeklinde
- ½ bardak ekşi krema
- 1 su bardağı süzme peynir
- 1 yemek kaşığı haşhaş tohumu
- 1 torba (12-18 ons) kıvırcık erişte, pişirilmiş ve süzülmüş
- 1 çay kaşığı İtalyan baharatı
- ½ su bardağı rendelenmiş parmesan peyniri

TALİMATLAR:
a) Fırını 350 dereceye kadar önceden ısıtın.
b) Hindi bitene kadar hindiyi ve dolmalık biberi birlikte kızartın. Sıvıyı boşaltın. Domates sosunu, tuzu ve karabiberi ekleyip kısık ateşte pişirin.
c) Bir kasede krem peyniri, ekşi kremayı, süzme peyniri ve haşhaş tohumlarını birleştirin ve ardından süzülmüş sıcak erişteyle karıştırın. Erişte karışımını yağlanmış 9x13 inçlik bir tavanın tabanına yerleştirin ve üzerine hindi karışımını ekleyin. Kapağını kapatıp 30 dakika pişirin.
ç) Kapağını açıp 10 dakika daha pişirin.
d) Üzerine İtalyan baharatı ve Parmesan serpin.

27.Ananaslı Tavuk Güveç

İÇİNDEKİLER:

- 2 su bardağı doğranmış pişmiş tavuk
- 1 kutu (8 ons) ezilmiş ananas, sıvıyla birlikte
- 1 su bardağı doğranmış kereviz
- 1 su bardağı pişmiş beyaz pirinç
- 1 kutu (10,75 ons) kremalı mantar çorbası, yoğunlaştırılmış
- 1 bardak mayonez
- 1 kutu (6 ons) dilimlenmiş su kestanesi, süzülmüş
- 2 su bardağı ekmek kırıntısı
- 1 yemek kaşığı eritilmiş tereyağı veya margarin

TALİMATLAR:

a) Fırını 350 dereceye kadar önceden ısıtın.

b) Büyük bir kapta ekmek kırıntıları ve tereyağı dışındaki tüm malzemeleri birleştirin.

c) Karışımı yağlanmış 9x13 inçlik bir tavaya aktarın.

ç) Ekmek kırıntılarını ve tereyağını birleştirin; tavuk karışımının üzerine serpin.

d) 30-45 dakika pişirin.

28. Güneybatı Tavuk Roll-Up'ları

İÇİNDEKİLER:
- 1 su bardağı ince doğranmış peynirli kraker
- 1 zarf taco baharatı
- 4 ila 6 kemiksiz, derisiz tavuk göğsü
- 4 ila 6 dilim Monterey Jack peyniri
- 4 ons doğranmış yeşil biber olabilir

TALİMATLAR:

a) Fırını 350 dereceye kadar önceden ısıtın.

b) Bir tabakta krakerleri ve taco baharatını birleştirin. Tavuğu et yumuşatıcıyla düzleştirin ve her tavuk parçasının üzerine 1 dilim peynir ve yaklaşık 1 yemek kaşığı biber koyun. Tavukları yuvarlayıp kürdanla sabitleyin.

c) Tavuğu kraker karışımıyla serpin ve yağlanmış 9x13 inçlik bir tavaya yerleştirin.

ç) Kapağı açık olarak 35-40 dakika veya tavuk pişene kadar pişirin.

d) Servis yapmadan önce kürdanları çıkarmayı unutmayın.

29.İsviçre Tavuğu

İÇİNDEKİLER:

- 4 ila 6 kemiksiz, derisiz tavuk göğsü
- 4 ila 6 dilim İsviçre peyniri
- 1 kutu (10,75 ons) kremalı mantar çorbası, yoğunlaştırılmış
- ¼ bardak süt
- 1 kutu (6 ons) terbiyeli doldurma karışımı
- ¼ su bardağı eritilmiş tereyağı veya margarin

TALİMATLAR:

a) Fırını 350 dereceye kadar önceden ısıtın.

b) Tavuğu yağlanmış 9x13 inçlik bir tavanın altına yerleştirin. Peynir dilimlerini tavukların üzerine yerleştirin.

c) Bir kapta çorba ve sütü karıştırın. Çorba karışımını tavuğun üzerine kaşıkla dökün.

ç) Çorba tabakasının üzerine kuru doldurma karışımını serpin ve üzerine tereyağı gezdirin.

d) Kapağını kapatıp 55-65 dakika veya tavuk pişene kadar pişirin.

30.Hindi ve Patates Fırında

İÇİNDEKİLER:
- 2 su bardağı kuşbaşı pişmiş hindi
- 2 orta boy patates, soyulmuş ve ince dilimlenmiş
- 1 orta boy soğan, dilimlenmiş
- tatmak için biber ve tuz
- 1 kutu (10,75 ons) kremalı kereviz çorbası, yoğunlaştırılmış
- ½ su bardağı yağsız süt

TALİMATLAR:
a) Fırını 350 dereceye kadar önceden ısıtın.
b) Yağlanmış 8x8 inçlik bir tavada hindiyi, patatesleri ve soğanı katlayın. Tuz ve karabiber serpin.
c) Bir kapta çorba ve sütü birleştirin. Hindinin üzerine dökün. Kapağını kapatıp 1 saat pişirin.

31.Teriyaki Tavuk

İÇİNDEKİLER:
- 2 kemiksiz, derisiz tavuk göğsü, kuşbaşı
- 1 kutu (15 ons) tavuk suyu
- 2 yemek kaşığı esmer şeker
- 2 yemek kaşığı soya sosu
- ½ çay kaşığı öğütülmüş zencefil
- ½ çay kaşığı Worcestershire sosu
- 1 su bardağı pişmemiş beyaz pirinç
- 1 kutu (8 ons) ananas parçaları, süzülmüş

TALİMATLAR:
a) Fırını 350 dereceye kadar önceden ısıtın.
b) Tüm malzemeleri, geniş bir kasede birleştirin.
c) Karışımı yağlanmış 9x13 inçlik bir tavaya aktarın.
ç) Kapağı kapatın ve 1 saat veya pirinç bitene kadar pişirin.

32.Yabani Pirinç ve Tavuk

İÇİNDEKİLER:
- 6,2 ons uzun taneli ve yabani pirinç, baharatlarla birlikte
- 1 ½ su bardağı su
- 4 kemiksiz, derisiz tavuk göğsü
- ½ çay kaşığı kurutulmuş fesleğen
- ½ çay kaşığı sarımsak tozu

TALİMATLAR:
a) Fırını 375 dereceye kadar önceden ısıtın.
b) Bir kapta pirinci, baharat paketini ve suyu birleştirin.
c) Karışımı yağlanmış 9x13 inçlik bir tavaya dökün.
ç) Tavuğu pirinç karışımının üzerine yerleştirin ve üzerine fesleğen ve sarımsak tozu serpin.
d) Kapağını kapatıp 1 saat pişirin.

33. Fesleğenli Tavuk Güveç

İÇİNDEKİLER:

- 3 yemek kaşığı eritilmiş tereyağı veya margarin
- 3 su bardağı patates, soyulmuş ve ince dilimlenmiş
- 1 paket (16 ons) dondurulmuş mısır
- 2 çay kaşığı tuz, bölünmüş
- 2 çay kaşığı fesleğen, bölünmüş
- 1 bardak graham kraker kırıntısı
- ⅓ su bardağı eritilmiş tereyağı veya margarin
- 4 ila 6 kemiksiz, derisiz tavuk göğsü

TALİMATLAR:

a) Fırını 375 dereceye kadar önceden ısıtın.

b) 9x13 inçlik bir tavanın dibine 3 yemek kaşığı eritilmiş tereyağı dökün. Patatesleri ve mısırı tavada birleştirin ve üzerine 1 çay kaşığı tuz ve 1 çay kaşığı fesleğen serpin.

c) Küçük bir kapta kraker kırıntılarını, kalan tuzu ve fesleğenleri birleştirin. Karışımı bir tabağa aktarın. Tavuğu ⅓ bardak eritilmiş tereyağına batırın, ardından kırıntı karışımında yuvarlayın ve tamamen kaplayın. Tavukları sebzelerin üzerine yerleştirin.

ç) Kapağını kapatıp 60-75 dakika veya tavuk bitene ve sebzeler yumuşayana kadar pişirin.

d) Fırından çıkarın, kapağını açın ve tavuğun kahverengileşmesi için 10 dakika daha pişirin.

34.Şükran Günü Sonrası Güveç

İÇİNDEKİLER:

- 1 kutu (6 ons) terbiyeli doldurma karışımı
- 3 su bardağı doğranmış pişmiş hindi
- 2 bardak hindi sosu, bölünmüş
- 2 su bardağı sarımsakla tatlandırılmış patates püresi

TALİMATLAR:

a) Fırını 350 dereceye kadar önceden ısıtın.

b) Paket talimatlarına göre doldurmayı hazırlayın. Yağlanmış 2 litrelik bir pişirme kabına kaşıkla doldurun. Hindiyi doldurmanın üzerine koyun. Hindinin üzerine 1 su bardağı sos dökün. Üzerine patates püresini eşit şekilde yayın. Kalan sosla kaplayın.

c) Kapağı kapatın ve 35-45 dakika veya kabarcıklı olana kadar pişirin.

35.Hindi Tortilla Güveç

İÇİNDEKİLER:
- 3 su bardağı doğranmış pişmiş hindi
- 4 ons doğranmış yeşil biber olabilir
- ¾ su bardağı tavuk suyu
- 2 kutu (her biri 10,75 ons) kremalı tavuk çorbası, yoğunlaştırılmış
- 1 orta boy soğan, doğranmış
- 8 ila 10 orta boy gordita tarzı un ekmeği
- 2 su bardağı rendelenmiş Monterey Jack peyniri

TALİMATLAR:

a) Fırını 350 dereceye kadar önceden ısıtın.

b) Büyük bir kapta hindiyi, biberi, et suyunu, çorbayı ve soğanı birleştirin. Yağlanmış 9x13 inçlik bir tavanın altını ekmeğin yarısı ile kaplayın. Hindi karışımının yarısını tortilla tabakasının üzerine yayın. Üzerine peynirin yarısını serpin. Katmanları tekrarlayın.

c) 25-30 dakika veya kabarcıklı hale gelinceye ve tamamen ısıtılıncaya kadar pişirin.

36.Türketti

İÇİNDEKİLER:
- 1 kutu (10,75 ons) kremalı mantar çorbası, yoğunlaştırılmış
- ½ bardak su
- 2 su bardağı kuşbaşı pişmiş hindi
- 1 ⅓ bardak spagetti, kırılmış, pişirilmiş ve süzülmüş
- ⅓ bardak doğranmış yeşil dolmalık biber
- ½ su bardağı doğranmış soğan
- ½ çay kaşığı tuz
- ¼ çay kaşığı karabiber
- 2 su bardağı rendelenmiş kaşar peyniri, bölünmüş

TALİMATLAR:
a) Fırını 350 dereceye kadar önceden ısıtın.

b) Büyük bir kapta çorba ve suyu birleştirin. 1 su bardağı peynir hariç kalan malzemeleri karıştırın. Karışımı yağlanmış 9x13 inçlik bir tavaya yayın.

c) Kalan peyniri üstüne serpin. 45 dakika pişirin.

37.Doldurma ve Hindi Güveç

İÇİNDEKİLER:

- 2 kutu (her biri 10,75 ons) kremalı kereviz çorbası, yoğunlaştırılmış
- 1 bardak süt
- ½ çay kaşığı karabiber
- 1 torba (16 ons) dondurulmuş karışık sebze, çözülmüş ve süzülmüş
- 2 ½ su bardağı küp küp pişmiş hindi
- 1 kutu (6 ons) terbiyeli doldurma karışımı
- Fırını 400 dereceye kadar önceden ısıtın.

TALİMATLAR:

a) Çorbayı, sütü, biberi, sebzeleri ve hindiyi karıştırın. Hindi karışımını yağlanmış 9x13 inçlik bir tavaya yayın.

b) Paket talimatlarına göre doldurmayı hazırlayın. Kaşıkla hindi üzerine eşit şekilde doldurun.

c) 25 dakika veya tamamen ısıtılıncaya kadar pişirin.

38.Türkiye Divanı

İÇİNDEKİLER:

- 2 su bardağı doğranmış pişmiş hindi
- 1 paket (10 ons) dondurulmuş brokoli mızrakları, pişmiş
- 1 kutu (10,75 ons) kremalı tavuk çorbası, yoğunlaştırılmış
- ½ bardak mayonez
- ½ çay kaşığı limon suyu
- ¼ çay kaşığı köri tozu
- ½ su bardağı rendelenmiş keskin kaşar peyniri

TALİMATLAR:

a) Fırını 350 dereceye kadar önceden ısıtın.
b) Hindi ve brokoliyi yağlanmış 9x13 inçlik bir tavaya katlayın.
c) Bir kapta çorba, mayonez, limon suyu ve köri tozunu birleştirin.
ç) Hindinin üzerine dökün ve üzerine peynir serpin. Kapağını kapatıp 40 dakika pişirin.

SEBZE GÜVEÇLERİ

39.güveçte Kuşkonmaz

İÇİNDEKİLER:
- 1 su bardağı rendelenmiş kaşar peyniri
- 2 su bardağı ezilmiş tuzlu kraker
- ¼ su bardağı eritilmiş tereyağı veya margarin
- 10,75 ons kremalı mantar çorbası, yoğunlaştırılmış
- 15 ons kuşkonmaz konservesi, ayrılmış sıvıyla süzülmüş
- ½ su bardağı dilimlenmiş badem

TALİMATLAR:
a) Fırını 350 dereceye kadar önceden ısıtın.
b) Bir kapta peynir ve kraker kırıntılarını birleştirin. Bir kenara koyun.
c) Ayrı bir kapta tereyağını, çorbayı ve kuşkonmaz kutusundaki sıvıyı karıştırın. Kraker karışımının yarısını 8x8 inçlik bir tavanın tabanına yerleştirin. Kuşkonmaz saplarının yarısını üstüne dizin.
ç) Dilimlenmiş bademlerin yarısını ve çorba karışımının yarısını kuşkonmazın üzerine katlayın.
d) Kalan kuşkonmaz mızraklarını, bademleri ve çorba karışımını üstüne katlayın. Kalan kraker karışımıyla kaplayın.
e) 20-25 dakika veya kabarcıklı ve altın rengi kahverengi olana kadar pişirin.

40.Tıknaz Sebzeli Güveç

İÇİNDEKİLER:
- 2 bardak su
- 1 su bardağı pişmemiş beyaz pirinç
- 1 torba (16 ons) dondurulmuş brokoli çiçeği
- 1 torba (16 ons) dondurulmuş karnabahar çiçeği
- ⅓ bardak su
- 1 orta boy soğan, doğranmış
- ⅓ su bardağı tereyağı veya margarin
- 1 kavanoz (16 ons) Cheez Whiz
- 1 kutu (10,75 ons) kremalı tavuk çorbası, yoğunlaştırılmış
- ⅔ bardak süt

TALİMATLAR:
a) Bir tencerede 2 su bardağı su ve pirinci kaynatın. Isıyı azaltın. Kapağını kapatıp 15 dakika veya su emilene kadar pişirin.

b) Bir kapta brokoli ve karnabaharı ⅓ bardak su ile mikrodalgada yüksek ateşte 8 dakika veya pişene kadar ısıtın. Sebzeleri boşaltın.

c) Fırını 350 dereceye kadar önceden ısıtın.

ç) Bir tavada soğanı tereyağında soteleyin. Pişmiş pirinci soğanın içine karıştırın. Pirinç karışımını yağlanmış 9x13 inçlik bir tavaya yayın.

d) Sebzeleri, peynir sosunu, çorbayı ve sütü pirinç karışımına karıştırın.

e) 30-35 dakika veya köpürene kadar pişirin.

41.Mozzarellalı Patates Güveç

İÇİNDEKİLER:
- 4 orta boy patates, soyulmuş
- 4 adet Roma domatesi, dilimlenmiş
- 1 büyük yeşil dolmalık biber, çekirdekleri çıkarılmış ve şeritler halinde kesilmiş
- tatmak için biber ve tuz
- 1 çay kaşığı İtalyan baharatı
- 2 su bardağı rendelenmiş mozarella peyniri
- 1 su bardağı ekşi krema

TALİMATLAR:
a) Fırını 400 dereceye kadar önceden ısıtın.
b) Bir tencerede patatesleri kısmen pişene kadar 25-30 dakika haşlayın, ardından ince ince dilimleyin. Yağlanmış 9x9 inçlik bir tavaya patates dilimlerinin, domates dilimlerinin ve dolmalık biber şeritlerinin her birinin yarısını katlayın.
c) Tuz ve karabiberle tatlandırın. İtalyan baharatlarının ve mozarella peynirinin yarısını sebzelerin üzerine serpin. Kalan patates, domates ve dolmalık biberle katmanları tekrarlayın.
ç) Kalan baharatları ve peyniri sebzelerin üzerine serpin, ardından ekşi kremayı üstüne yayın.
d) Kapağı kapatın ve 30-40 dakika veya kabarcıklı olana kadar pişirin.

42.Kremalı Ispanak Güveç

İÇİNDEKİLER:

- 2 paket (her biri 10 ons) dondurulmuş doğranmış ıspanak
- 1 zarf soğan çorbası karışımı
- 1 kap (16 ons) ekşi krema
- ¾ su bardağı rendelenmiş kaşar peyniri

TALİMATLAR:

a) Fırını 350 dereceye kadar önceden ısıtın.
b) talimatlarına göre pişirin ve süzün. Yağlanmış 1 ½ ila 2 litrelik bir pişirme kabına yerleştirin.
c) Soğan çorbası karışımını ve ekşi kremayı karıştırın.
ç) Üzerine peynir serpin. 20-25 dakika veya köpürene kadar pişirin.

43.Meksika Pizza Güveç

İÇİNDEKİLER:
- 1 tüp (13,8 ons) soğutulmuş pizza kabuğu hamuru
- 1 kutu (16 ons) yeniden kızartılmış fasulye
- ¾ bardak iri salsa
- 1 zarf taco baharatı
- 1 ½ su bardağı rendelenmiş Meksika karışımı peynir
- 1 torba (10 ons) kıyılmış marul
- 2 Roma domatesi, doğranmış
- 1 ½ su bardağı ezilmiş nacho peynirli tortilla cipsi

TALİMATLAR:

a) Fırını 400 dereceye kadar önceden ısıtın.

b) Yağlanmış 9x13 inçlik bir tavanın altını ve kısmen yanlarını pizza hamuruyla örtün. 10-12 dakika veya açık altın rengi kahverengi olana kadar pişirin.

c) Bir tencerede, kızartılmış fasulyeleri ve salsayı köpürene kadar birlikte ısıtın. Taco baharatını yeniden kızartılmış fasulye karışımına karıştırın. Kızartılmış fasulye karışımını pişmiş kabuğun üzerine yayın.

ç) Peyniri fasulyelerin üzerine serpin ve 5-8 dakika veya peynir eriyene kadar pişirin.

d) Üzerine marul, domates ve ezilmiş tortilla cipslerini katlayın ve hemen servis yapın.

44.Tatlı Soğan Güveç

İÇİNDEKİLER:

- 6 büyük tatlı soğan, ince dilimlenmiş
- 6 yemek kaşığı tereyağı veya margarin, bölünmüş
- kutu (10,75 ons) kremalı kereviz çorbası, yoğunlaştırılmış
- ⅓ bardak süt
- ½ çay kaşığı karabiber
- 2 su bardağı rendelenmiş İsviçre peyniri, bölünmüş
- 6 dilim Fransız ekmeği, 1 inç kalınlığında kesilmiş

TALİMATLAR:

a) Büyük bir tavada soğanları 4 yemek kaşığı tereyağında 11-13 dakika veya soğanlar yumuşayana kadar soteleyin.

b) Büyük bir kapta çorba, süt, karabiber ve 1 ½ bardak peyniri birleştirin.

c) Fırını 350 dereceye kadar önceden ısıtın. Soğanları çorba karışımına karıştırın. Karışımı yağlanmış 9x13 inçlik bir tavaya yayın. Kalan peyniri üstüne serpin.

ç) Kalan tereyağını eritin ve her ekmek diliminin bir tarafına fırçalayın. Ekmek dilimlerini tereyağlı tarafı yukarı gelecek şekilde tavaya üç sıra halinde yerleştirin.

d) 24-28 dakika pişirin. Servis yapmadan 5-7 dakika önce soğutun.

45.Vejetaryen Çoban Turtası

İÇİNDEKİLER:

- 1 torba (16 ons) dondurulmuş Kaliforniya karışımlı sebze
- 1 kutu (10,75 ons) çedar peyniri çorbası, yoğunlaştırılmış
- ½ çay kaşığı kekik
- 2 su bardağı sarımsakla tatlandırılmış patates püresi

TALİMATLAR:

a) Fırını 350 dereceye kadar önceden ısıtın.

b) Yağlanmış 9x9 inçlik bir tavada dondurulmuş sebzeleri, çorbayı ve kekiği birleştirin. Patatesleri sebze tabakasının üzerine eşit şekilde yayın. Kapağını kapatıp 25 dakika pişirin.

c) Kapağı açın ve 15-20 dakika daha veya tamamen ısıtılıncaya kadar pişirin.

46.Sebze Dolma Güveç

İÇİNDEKİLER:
- 1 torba (16 ons) dondurulmuş yeşil fasulye
- 1 torba (16 ons) dondurulmuş karışık sebze
- 2 kutu (10,75 ons) kremalı mantar çorbası, yoğunlaştırılmış
- 1 kutu (6 ons) kızarmış patates soğanı
- 1 kutu (6 ons) terbiyeli doldurma karışımı
- 3 yemek kaşığı eritilmiş tereyağı veya margarin
- ¼ bardak su

TALİMATLAR:
a) Fırını 350 dereceye kadar önceden ısıtın.
b) Dondurulmuş sebzeleri yağlanmış 9x13 inçlik bir tavanın altına dökün.
c) Çorbayı sebzelere karıştırın.
ç) Üzerine soğan ve dolma karışımını eşit şekilde serpin.
d) Doldurma tabakasının üzerine eritilmiş tereyağı ve suyu gezdirin.
e) Kapağı kapatın ve 55-65 dakika veya tamamen ısıtılıncaya kadar pişirin.

47.Fırında Peynirli Kabak

İÇİNDEKİLER:
- 1 orta boy kabak, ince dilimlenmiş
- 1 tatlı soğan, ince dilimlenmiş
- 2 adet Roma domatesi, ince dilimlenmiş
- 2 yemek kaşığı eritilmiş tereyağı veya margarin
- ¾ bardak İtalyan aromalı galeta unu
- 1 su bardağı rendelenmiş mozarella peyniri

TALİMATLAR:
a) Fırını 350 dereceye kadar önceden ısıtın.
b) Yağlanmış 9x9 inçlik bir tavaya kabak, soğan ve domatesleri katlayın.
c) Tereyağını sebzelerin üzerine gezdirin. Üzerine galeta ununu serpin.
ç) Kapağını kapatıp 45-50 dakika veya sebzeler yumuşayana kadar pişirin. Fırından çıkarın, kapağını açın ve üzerine peynir serpin.
d) 5-7 dakika daha veya peynir köpürene kadar pişirin.

BAKLİYAT VE FASULYE GÜVEÇLERİ

48. Yığılmış Siyah Fasulye Tortilla Pastası

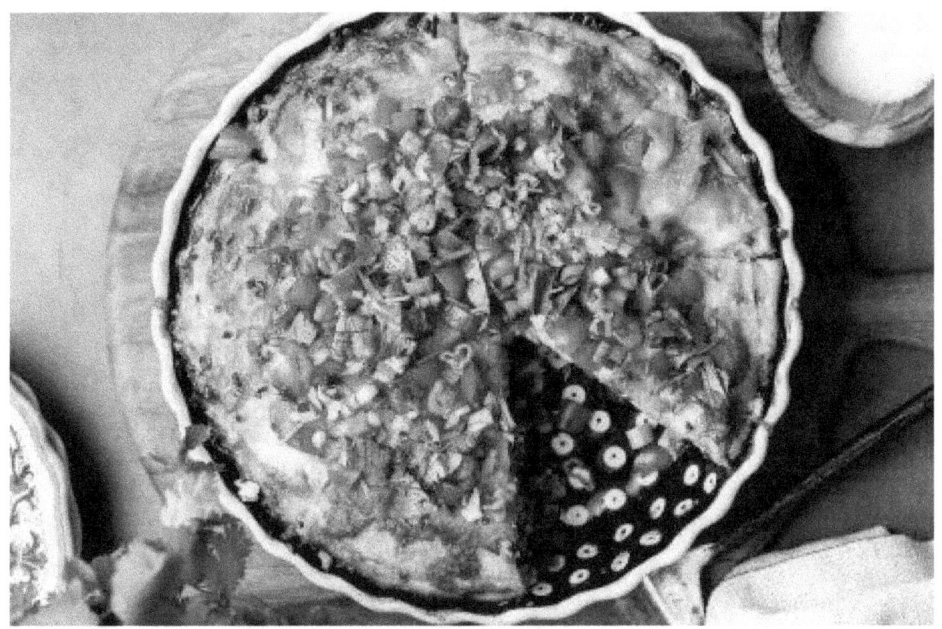

İÇİNDEKİLER:

- 1 kutu (16 ons) yeniden kızartılmış fasulye
- 1 bardak salsa, bölünmüş
- 1 çay kaşığı kıyılmış sarımsak
- 1 yemek kaşığı kurutulmuş kişniş
- 1 kutu (15 ons) siyah fasulye, durulanmış ve süzülmüş
- 1 orta boy domates, doğranmış
- 7 orta boy unlu tortilla
- 2 su bardağı rendelenmiş kaşar peyniri

TALİMATLAR:

a) Fırını 400 dereceye kadar önceden ısıtın.
b) Bir kasede kızartılmış fasulyeleri, ¾ bardak salsayı ve sarımsağı birleştirin.
c) Ayrı bir kapta kalan salsa, kişniş, siyah fasulye ve domatesi birleştirin.
ç) Yağlanmış tart kalıbının tabanına tortillayı yerleştirin. Yeniden kızartılmış fasulye karışımının dörtte birini tortilla üzerine ½ inç kenardan yayın.
d) Fasulyelerin üzerine ¼ bardak peyniri serpin ve başka bir tortilla ile örtün. Siyah fasulye karışımının üçte birini tortilla üzerine dökün.
e) Siyah fasulye karışımının üzerine ¼ bardak peynir serpin ve başka bir tortilla ile örtün.
f) Son tortilla üzerine yayılmış, yeniden kızartılmış fasulye karışımının son tabakasıyla biten katmanları tekrarlayın. ½ bardak peynir serpin. Kapağını kapatıp 35-40 dakika pişirin.
g) Bireysel turta parçalarını salsa ve ekşi krema ile servis edin.

49.Yeşil fasulye güveci

İÇİNDEKİLER:
- 2 kutu (her biri 14,5 ons) Fransız kesim yeşil fasulye, süzülmüş
- 1 kutu (10,75 ons) kremalı mantar çorbası, yoğunlaştırılmış
- ⅔ bardak süt
- ⅓ bardak gerçek pastırma parçaları
- ¼ çay kaşığı karabiber
- 1 ¼ bardak patates kızartmasında kızartılmış soğan, bölünmüş

TALİMATLAR:
a) Fırını 350 dereceye kadar önceden ısıtın.
b) Soğan dışındaki tüm malzemeleri yağlanmış 1 ½ ila 2 litrelik bir pişirme kabında birleştirin. ½ bardak soğanı karıştırın. Kapağı açık olarak 30 dakika veya kabarcıklı hale gelinceye kadar pişirin.
c) Kalan soğanları üstüne serpin ve 5 dakika daha pişirin.

50.Indiana Mısır Severler Güveci

İÇİNDEKİLER:
- 2 yumurta, hafifçe dövülmüş
- 1 kutu (14,75 ons) kremalı mısır
- 12 onsluk bütün çekirdek mısır, süzülmüş
- ¾ bardak ekşi krema
- 3 yemek kaşığı eritilmiş tereyağı veya margarin
- 1 buçuk su bardağı rendelenmiş kaşar peyniri
- 1 orta boy soğan, doğranmış
- 4 ons doğranmış yeşil biber, süzülmüş olabilir
- 1 paket (6,5 ons) mısırlı muffin karışımı

TALİMATLAR:
a) Fırını 350 dereceye kadar önceden ısıtın.

b) Büyük bir kapta yumurtaları, mısırı, ekşi kremayı, tereyağını, peyniri, soğanı ve kırmızı biberi birleştirin. Nemlendirilinceye kadar mısırlı muffin karışımını yavaşça katlayın. Karışımı yağlanmış 2 litrelik bir pişirme kabına yayın.

c) 60-70 dakika veya üstü ve ortası altın rengi oluncaya kadar pişirin.

51.Hominy Güveç

İÇİNDEKİLER:
- 1 orta boy soğan, doğranmış
- 1 büyük yeşil dolmalık biber, çekirdeği çıkarılmış ve doğranmış
- ½ su bardağı tereyağı veya margarin
- 15,5 onsluk beyaz homin konservesi, süzülmüş
- 15,5 onsluk sarı homin konservesi, süzülmüş
- 12 onsluk bütün çekirdek mısır, süzülmüş
- 4 ons dilimlenmiş mantar, süzülmüş olabilir
- ¼ su bardağı rendelenmiş parmesan peyniri
- 1 bardak Cheez Whiz
- ¼ bardak doğranmış biber, süzülmüş

TALİMATLAR:
a) Fırını 350 dereceye kadar önceden ısıtın.
b) Bir tavada soğanı ve dolmalık biberi tereyağında yumuşayana kadar soteleyin. Kalan malzemeleri soğan karışımına karıştırın. Yağlanmış 8x8 inçlik bir tavaya yayın.
c) 30-35 dakika veya köpürene kadar pişirin.

PİRİNÇ VE NEREDE GÜVEÇLER

52.Erişte Pudingi Güveç

İÇİNDEKİLER:
- 16 bardak su
- 7 ½ su bardağı kuru geniş yumurtalı erişte
- 8 ons krem peynir, yumuşatılmış
- 6 yemek kaşığı. tuzsuz tereyağı, yumuşatılmış
- 1 su bardağı toz şeker
- 3 yumurta
- 1 bardak tam yağlı süt
- 1 su bardağı kayısı nektarı
- 1 su bardağı mısır gevreği kırıntısı
- 6 yemek kaşığı. eritilmiş tuzsuz tereyağı
- ½ çay kaşığı öğütülmüş tarçın

TALİMATLAR:
a) Orta ateşteki büyük bir sos tavasına suyu ekleyin. Su kaynayınca yumurtalı erişteyi ekleyip karıştırın. 6 dakika veya erişteler yumuşayana kadar pişirin. Tavayı ocaktan alın ve tavadaki tüm suyu boşaltın.

b) Geniş bir kaseye krem peyniri, yumuşatılmış tereyağını ve yarım su bardağı toz şekeri ekleyin. Orta hızda bir karıştırıcı kullanarak pürüzsüz ve kremsi olana kadar çırpın. Yumurtaları kaseye ekleyin. Kombine edilene kadar karıştırın.

c) Süt ve kayısı nektarını ekleyin. Sadece birleşene kadar karıştırın. Erişteleri ekleyin ve erişteler kremayla kaplanana kadar fırlatın.

ç) Fırını 350°'ye önceden ısıtın. Yapışmaz pişirme spreyi ile 9 x 13'lük bir fırın tepsisine püskürtün. Küçük bir kaseye mısır gevreği kırıntılarını, ½ su bardağı toz şekeri, eritilmiş tereyağını ve tarçını ekleyin. Birleştirilene kadar karıştırın. Erişteleri fırın tepsisine yayın.

d) En üste mısır gevreğini serpin.

e) 25 dakika veya güveç sıcak ve kabarcıklı bir şekilde ortasına yerleşinceye kadar pişirin. Fırından çıkarıp servis yapın.

53.Morina Makarna Güveç

İÇİNDEKİLER:

- 14 bardak su
- 1 çay kaşığı limon biber baharatı
- 1 defne yaprağı
- 2 pound morina filetosu, 1 inçlik parçalar halinde kesilmiş
- 1 su bardağı kuru küçük kabuklu makarna
- 1 kırmızı dolmalık biber, doğranmış
- 1 yeşil dolmalık biber, doğranmış
- 1 su bardağı doğranmış soğan
- 1 yemek kaşığı. tuzsuz tereyağı
- 3 yemek kaşığı. çok amaçlı un
- 2 ½ su bardağı buharlaştırılmış süt
- ¾ çay kaşığı tuz
- ½ çay kaşığı kurutulmuş kekik
- ¼ çay kaşığı karabiber
- 1 bardak rendelenmiş Meksika peyniri karışımı

TALİMATLAR:

a) Orta ateşteki büyük bir tavaya 6 bardak su, limon biber baharatı ve defne yaprağını ekleyin. Kaynatın ve morina ekleyin. Tavaya bir kapak yerleştirin. 5-6 dakika veya balıklar pul pul dökülüp yumuşayana kadar pişirin. Ateşten alın ve tavadaki tüm suyu boşaltın. Defne yaprağını çıkarın ve atın.

b) Orta ateşteki sos tenceresine 8 su bardağı su ekleyin. Su kaynayınca kabuklu makarnayı karıştırın. 6 dakika veya makarna yumuşayana kadar pişirin. Ateşten alın ve makarnanın tüm suyunu boşaltın.

c) Orta ateşteki bir sos tavasına kırmızı dolmalık biberi, yeşil dolmalık biberi ekleyin,

ç) soğan ve tereyağı. 5 dakika veya sebzeler yumuşayana kadar soteleyin. Çok amaçlı unu tavaya ekleyin. Sürekli karıştırarak 1 dakika pişirin. Sürekli karıştırarak, buharlaştırılmış sütü yavaş yavaş ekleyin. Karıştırmaya devam edin ve 2 dakika veya sos koyulaşana kadar pişirin.

d) Tavaya tuz, kekik, karabiber ve Meksika peyniri karışımını ekleyin. Birleştirilene ve peynir eriyene kadar karıştırın. Tavayı ocaktan alın.

e) Makarnayı ve balığı sosa ekleyin. Kombine edilene kadar yavaşça karıştırın. Fırını 350°'ye önceden ısıtın. Yapışmaz pişirme spreyi ile 2 litrelik bir fırın tepsisine püskürtün. Güveci pişirme kabına kaşıkla dökün. Çanağı bir kapak veya alüminyum folyo ile örtün.

f) 25 dakika veya güveç sıcak ve kabarcıklı hale gelinceye kadar pişirin. Fırından çıkarıp servis yapın.

54.Hindi Erişte Güveç

İÇİNDEKİLER:
- 1 torba (12 ons) yumurtalı erişte
- 1 kutu (10,75 ons) kremalı kereviz çorbası, yoğunlaştırılmış
- ½ bardak süt
- 1 kutu (5 ons) hindi, süzülmüş
- 2 su bardağı rendelenmiş kaşar peyniri
- ½ su bardağı ezilmiş patates cipsi

TALİMATLAR:
a) Fırını 400 dereceye kadar önceden ısıtın.
b) Erişteleri paketin üzerindeki talimatlara göre pişirin ve süzün. Çorbayı, sütü, hindiyi ve peyniri sıcak erişteye karıştırın.
c) Erişte karışımını yağlanmış 2 litrelik bir pişirme kabına yayın.
ç) 15 dakika pişirin. Üzerine ezilmiş patates cipsi ekleyin ve 3-5 dakika daha pişirin.

55.Deniz Ürünlü Makarna Güveç

İÇİNDEKİLER:

- ¼ bardak zeytinyağı
- 1 pound taze kuşkonmaz, kesilmiş ve 1 inçlik parçalar halinde kesilmiş
- 1 su bardağı doğranmış yeşil soğan
- 1 yemek kaşığı. kıyılmış sarımsak
- 16 onsluk paket. linguine eriştesi, pişirilmiş ve süzülmüş
- 1 pound orta boy karides, pişmiş, soyulmuş ve ayrılmış
- 8 ons yengeç eti, pişmiş
- 8 ons taklit veya taze ıstakoz, pişmiş
- 8 ons siyah zeytin, süzülmüş olabilir

TALİMATLAR:

a) Fırını 350°'ye önceden ısıtın. Yapışmaz pişirme spreyi ile 4 litrelik bir güveç kabına püskürtün. Orta ateşteki tavaya zeytinyağını ekleyin.
b) Yağ ısınınca kuşkonmazı, yeşil soğanı ve sarımsağı ekleyin. 5 dakika soteleyin.
c) Tavayı ocaktan alıp sebzeleri ve zeytinyağını güveç kabına ekleyin.
ç) Güveç kabına linguine noodle'ları, yengeçleri, ıstakozları ve siyah zeytinleri ekleyin.
d) Birleştirilene kadar atın. 30 dakika veya güveç sıcak olana kadar pişirin.
e) Fırından çıkarıp servis yapın.

56.Pirinç ve Yeşil Şili Güveç

İÇİNDEKİLER:
- 1 kutu (6 ons) hazır uzun taneli ve yabani pirinç karışımı
- 1 su bardağı ekşi krema
- 4 ons doğranmış yeşil biber, süzülmüş olabilir
- 1 su bardağı rendelenmiş kaşar peyniri
- 1 su bardağı rendelenmiş Monterey Jack peyniri

TALİMATLAR:
a) Pirinci paket talimatlarına göre hazırlayın.
b) Fırını 350 dereceye kadar önceden ısıtın.
c) Bir kapta ekşi krema ve yeşil biberleri karıştırın. Pişmiş pirincin yarısını yağlanmış 8x8 inçlik bir tavanın tabanına yayın. Ekşi krema karışımının yarısını pirincin üzerine dökün. Her bir peynirin yarısını üstüne serpin.
ç) Kalan pirinci peynirin üzerine kaşıkla dökün. Kalan ekşi krema karışımını pirincin üzerine yayın, ardından kalan peyniri üstüne serpin.
d) Kapağı açık olarak 15-20 dakika veya köpürene kadar pişirin.

57.Balık Ve Peynirli Makarna Güveç

İÇİNDEKİLER:
- 16 ons kıvırcık makarna, pişirilmiş ve süzülmüş
- 1 kavanoz (16 ons) Ragu çift çedar sosu
- 5 adet dondurulmuş dövülmüş balık filetosu

TALİMATLAR:

a) Fırını 375 dereceye kadar önceden ısıtın.

b) Makarnayı paketin üzerindeki talimatlara göre pişirin ve süzün. Makarnayı yağlanmış 9x13 inçlik bir tavaya yerleştirin. Kaşar sosunu erişteklere karıştırın. Balıkları üstüne yerleştirin.

c) Kapağı açık olarak 30 dakika pişirin.

58.Rotini Fırında

İÇİNDEKİLER:

- 12 ons pişmemiş kıvırcık rotini veya küçük tüp makarna
- 1 kiloluk kıyma
- 1 kavanoz (26 ons) spagetti sosu
- 2 yumurta, hafifçe dövülmüş
- 1 karton (16 ons) süzme peynir
- 2 su bardağı rendelenmiş mozzarella peyniri, bölünmüş
- ½ su bardağı rendelenmiş parmesan peyniri

TALİMATLAR:

a) Fırını 350 dereceye kadar önceden ısıtın.

b) Erişteleri paketin üzerindeki talimatlara göre pişirin ve süzün.

c) Bir tavada erişteler pişerken dana etini kızartın ve süzün. Spagetti sosunu dana etine karıştırın.

ç) Büyük bir kapta yumurtaları, süzme peyniri, 1 su bardağı mozzarella peynirini ve Parmesan peynirini birleştirin. Pişmiş makarnayı yavaşça peynir karışımına katlayın. Sığır eti karışımının üçte birini yağlanmış 9x13 inçlik bir tavanın tabanına yayın. Makarna karışımının yarısını dana etinin üzerine koyun.

d) Sığır eti karışımının üçte birini erişlelerin üzerine katlayın. Kalan erişteleri üstüne katlayın ve ardından kalan sığır eti karışımını ekleyin.

e) Kapağını kapatıp 40 dakika pişirin. Kalan mozzarella peynirini açın ve üzerine serpin. Fırına dönün ve 5-10 dakika daha veya peynir eriyene kadar pişirin.

59.Cheddar Jambonlu Erişte Güveç

İÇİNDEKİLER:
- 1 torba (12 ons) yumurtalı erişte
- ¼ bardak doğranmış yeşil dolmalık biber
- ½ orta boy soğan
- 1 yemek kaşığı zeytinyağı
- 1 kutu (10,75 ons) kremalı mantar çorbası, yoğunlaştırılmış
- ⅔ bardak süt
- 1 ½ su bardağı doğranmış tam pişmiş jambon
- 2 su bardağı rendelenmiş kaşar peyniri

TALİMATLAR:
a) Fırını 400 dereceye kadar önceden ısıtın.
b) Erişteleri paketin üzerindeki talimatlara göre pişirin ve süzün.
c) Bir tavada dolmalık biberi ve soğanı zeytinyağında soğan yarı saydam oluncaya kadar soteleyin. Çorbayı, sütü, jambonu, sebzeleri ve peyniri sıcak erişelere karıştırın.
ç) Erişte karışımını yağlanmış 2 litrelik bir pişirme kabına yayın.
d) 15 dakika veya tamamen ısıtılıncaya kadar pişirin.

60.İtalyan Makarna Fırını

İÇİNDEKİLER:
- 8 ons pişmemiş dirsek makarna
- 1 pound kıyma, kızartılmış ve süzülmüş
- tatmak için biber ve tuz
- 1 kavanoz (14 ons) pizza sosu
- 4 ons dilimlenmiş mantar olabilir
- 2 su bardağı rendelenmiş mozarella peyniri

TALİMATLAR:
a) Fırını 350 dereceye kadar önceden ısıtın.
b) Makarnayı paketin üzerindeki talimatlara göre pişirin ve süzün.
c) Pişmiş dana etini tuz ve karabiberle tatlandırın. Makarnanın yarısını yağlanmış 2 litrelik bir pişirme kabının tabanına yerleştirin.
ç) Sığır etinin, pizza sosunun, mantarların ve peynirin yarısını katlayın. Kalan makarnayı üstüne yerleştirin ve katmanları tekrarlayın.
d) Kapağını kapatıp 20 dakika pişirin.
e) Kapağı açın ve 5-10 dakika daha veya peynir eriyene kadar pişirin.

61.Fırında Mantı Alfredo

İÇİNDEKİLER:

- 1 torba (25 ons) dondurulmuş İtalyan sosisli mantı
- 1 torba (16 ons) dondurulmuş brokoli çiçeği
- 1 kavanoz (16 ons) Alfredo sosu
- ¾ bardak süt
- ¼ bardak tecrübeli ekmek kırıntıları

TALİMATLAR:

a) Fırını 350 dereceye kadar önceden ısıtın.

b) Dondurulmuş mantıyı yağlanmış 9x13 inçlik bir tavanın altına yerleştirin. Mantının üzerine brokoliyi yayın. Alfredo sosunu brokolinin üzerine dökün. Üzerine sütü eşit şekilde gezdirin.

c) Kapağını kapatıp 50 dakika pişirin. Üzerini açıp galeta ununu serpin.

ç) Kapağı açık olarak 10 dakika daha veya tamamen ısıtılıncaya kadar pişirin.

DOMUZ GÜVEÇLERİ

62.Sosisli Spagetti Güveç

İÇİNDEKİLER:

- 1 kiloluk sosis
- 1 orta boy soğan, doğranmış
- 1 kavanoz (26 ons) spagetti sosu
- ½ bardak su
- 1 paket (16 ons) spagetti eriştesi, pişirilmiş ve süzülmüş
- ¼ su bardağı eritilmiş tereyağı veya margarin
- 3 yumurta, dövülmüş
- ½ su bardağı rendelenmiş parmesan peyniri
- 2 su bardağı rendelenmiş mozzarella peyniri, bölünmüş
- 1 kap (16 ons) süzme peynir

TALİMATLAR:

a) Fırını 350 dereceye kadar önceden ısıtın.

b) Bir tavada sosis ve soğanı birlikte kavurun ve fazla yağını boşaltın. Spagetti sosunu ve suyu sosis karışımına karıştırın. Sosu kısık ateşte 5 dakika pişmeye bırakın.

c) Bir kapta pişmiş spagetti, tereyağı, yumurta, Parmesan ve mozzarella peynirinin yarısını birleştirin. Erişte karışımını yağlanmış 9x13 inçlik bir tavaya yayın.

ç) Süzme peynirini eriştelerin üzerine eşit şekilde yayın.

d) Üzerine spagetti sosu karışımını eşit şekilde yayın. Kalan peyniri sosun üzerine serpin.

e) Kapağını kapatıp 25 dakika pişirin.

f) Kapağını açıp 10-15 dakika daha pişirin.

63.Kanada Pastırmalı Pizza Fırında

İÇİNDEKİLER:

- 2 tüp (her biri 7,5 ons) soğutulmuş ayran bisküvisi
- 1 kavanoz (14 ons) pizza sosu
- 1 su bardağı rendelenmiş İtalyan karışımı peynir
- 15 ila 20 dilim Kanada pastırması
- 1 ½ su bardağı rendelenmiş mozzarella peyniri, bölünmüş

TALİMATLAR:

a) Fırını 375 dereceye kadar önceden ısıtın.

b) Bisküvileri ayırın ve her birini 4 parçaya bölün. Geniş bir kaseye koyun ve pizza sosu ve İtalyan harman peyniriyle karıştırın. Bisküvi karışımını yağlanmış 9x13 inçlik bir tavaya yerleştirin.

c) Kanada pastırması dilimlerini üstüne eşit şekilde yerleştirin.

ç) Üzerine mozzarella peyniri serpin.

d) 20-25 dakika veya bisküviler bitene kadar pişirin.

64.Brokoli ve Jambonlu Potpie

İÇİNDEKİLER:
- 1 paket (10 ons) dondurulmuş doğranmış brokoli, çözülmüş
- 1 kutu (15 ons) bütün çekirdekli mısır, süzülmüş
- 1 kutu (10,75 ons) kremalı mantar çorbası, yoğunlaştırılmış
- 2 su bardağı doğranmış tamamen pişmiş jambon
- 1 buçuk su bardağı rendelenmiş kaşar peyniri
- ¾ bardak ekşi krema
- ½ çay kaşığı karabiber
- 1 adet buzdolabında soğutulmuş pasta kabuğu

TALİMATLAR:
a) Fırını 425 dereceye kadar önceden ısıtın.

b) Brokoli'yi hafifçe yağlanmış ve mikrodalgada ısıtılabilen 10 inç derinliğinde bir pasta tepsisinin veya 1 ½ litrelik yuvarlak tabağın tabanına yayın.

c) Bir kapta mısır, çorba, jambon, peynir, ekşi krema ve biberi karıştırın. Karışımı brokolinin üzerine kaşıkla dökün. Bir kağıt havluyla örtün ve mikrodalgada yüksek ateşte 3-4 ½ dakika veya ısınana kadar pişirin.

ç) Açılmış turta kabuğunu jambon karışımının üzerine yerleştirin ve kenarlarını tavanın içine sokun. Pişirme sırasında buharın çıkmasını sağlamak için kabukta dört adet 1 inçlik yarık kesin. Tavayı bir fırın tepsisinin üzerine yerleştirin.

d) 15 dakika veya kabuk altın kahverengiye dönene kadar pişirin.

65.Chicago Tarzı Pizza Güveç

İÇİNDEKİLER:

- 2 tüp (her biri 13,8 ons) soğutulmuş pizza kabuğu hamuru
- 2 bardak geleneksel spagetti sosu, bölünmüş
- 1 kiloluk sosis, kızartılmış ve süzülmüş
- ½ orta boy soğan, doğranmış
- 2 su bardağı rendelenmiş mozzarella peyniri, bölünmüş

TALİMATLAR:

a) Fırını 375 dereceye kadar önceden ısıtın.

b) Hafifçe yağlanmış 9x13 inçlik bir tavanın tabanına ve yanlarına 1 kabuk yayın. Kabuğun üzerine 1-½ bardak sos sürün. Pişmiş sosis ve soğanı sosun üzerine yayın. Sosis tabakasının üzerine 1-½ bardak peynir serpin.

c) Kalan pizza kabuğunu üstüne yerleştirin ve alt ve üst kabuktaki hamurları birbirine sıkıştırın. Üst kabukta 1 inçlik yarıklar kesin. Kalan sosu ve peyniri dikkatlice üstüne yayın.

ç) 30 dakika veya kabuk altın rengi kahverengi olana ve ortası bitene kadar pişirin.

66.Köy Brokoli, Peynir ve Jambon

İÇİNDEKİLER:

- 1 paket (10 ons) dondurulmuş brokoli
- 1 su bardağı doğranmış tam pişmiş jambon
- 1 kutu (10,75 ons) çedar peyniri çorbası, yoğunlaştırılmış
- ½ bardak ekşi krema
- 2 su bardağı ekmek kırıntısı
- 1 yemek kaşığı eritilmiş tereyağı veya margarin

TALİMATLAR:

a) Fırını 350 dereceye kadar önceden ısıtın.

b) Brokoliyi paketin üzerindeki talimatlara göre pişirin. Büyük bir kapta ekmek kırıntıları ve tereyağı dışındaki tüm malzemeleri birleştirin. Karışımı yağlanmış 9x13 inçlik bir tavaya aktarın. Ekmek kırıntılarını ve tereyağını birleştirin ve ardından karışımın üzerine serpin. 30-35 dakika pişirin.

67. İsviçre Peynirli Domuz Pirzolası

İÇİNDEKİLER:
- 6 domuz pirzolası
- 1 yemek kaşığı tereyağı veya margarin
- 12 adet taze defne yaprağı
- 6 dilim jambon
- 2 yemek kaşığı doğranmış taze adaçayı
- 1 su bardağı rendelenmiş İsviçre peyniri

TALİMATLAR:

a) Fırını 375 dereceye kadar önceden ısıtın.

b) Bir tavada domuz pirzolalarını her iki tarafını da 2-3 dakika tereyağında kızartın. Drenaj için kağıt havlularla kaplı bir tabağa koyun.

c) Yağlanmış 9x13 inçlik bir tavaya domuz pirzolasını, defne yaprağını, jambonu, adaçayı ve peyniri katlayın.

ç) Kapağını kapatıp 25 dakika pişirin.

68.Karma kahverengi Cenneti

İÇİNDEKİLER:
- 4 su bardağı dondurulmuş rendelenmiş karma kahverengis, çözülmüş
- 1 pound pastırma, pişmiş ve ufalanmış
- ⅔ bardak süt
- ½ su bardağı doğranmış soğan
- ½ çay kaşığı tuz
- ¼ çay kaşığı karabiber
- ⅛ çay kaşığı sarımsak tozu (isteğe bağlı)
- 2 yemek kaşığı eritilmiş tereyağı veya margarin

TALİMATLAR:
a) Fırını 350 dereceye kadar önceden ısıtın.
b) Tüm malzemeleri, geniş bir kasede birleştirin.
c) Yağlanmış 8x8 inçlik bir tavaya aktarın.
ç) 45 dakika pişirin.

69. Jambalaya

İÇİNDEKİLER:

- ½ su bardağı tereyağı veya margarin
- 1 büyük soğan, doğranmış
- 1 büyük yeşil dolmalık biber, doğranmış
- ½ bardak doğranmış kereviz
- 1 yemek kaşığı kıyılmış sarımsak
- 1 pound tamamen pişmiş tütsülenmiş sosis bağlantıları, dilimlenmiş
- 3 su bardağı tavuk suyu
- 2 su bardağı pişmemiş beyaz pirinç
- 1 su bardağı doğranmış domates
- ½ su bardağı doğranmış yeşil soğan
- 1-½ yemek kaşığı maydanoz
- 1 yemek kaşığı Worcestershire sosu
- 1 yemek kaşığı Tabasco sosu

TALİMATLAR:

a) Fırını 375 dereceye kadar önceden ısıtın.

b) Bir tavada tereyağını eritin. Soğanı, dolmalık biberi, kerevizi ve sarımsağı tereyağında yumuşayana kadar soteleyin.

c) Büyük bir kapta sosis, et suyu, pirinç, domates, yeşil soğan, maydanoz, Worcestershire sosu ve Tabasco sosunu birleştirin. Sotelenmiş sebzeleri sosis karışımına karıştırın.

ç) Yağlanmış 9x13 inçlik bir tavaya yayın.

d) Kapağını kapatıp 20 dakika pişirin. Karıştırın, örtün ve 20 dakika daha pişirin.

e) Karıştırın, üzerini örtün ve son 5-10 dakika veya pirinç pişene kadar pişirin.

70.Portakallı Pirinç ve Domuz Pirzolası

İÇİNDEKİLER:

- 6 domuz pirzolası
- tatmak için biber ve tuz
- 1 ⅓ su bardağı pişmemiş beyaz pirinç
- 1 su bardağı portakal suyu
- 1 kutu (10,75 ons) tavuk ve pirinç çorbası, yoğunlaştırılmış

TALİMATLAR:

a) Fırını 350 dereceye kadar önceden ısıtın.

b) Bir tavada domuz pirzolalarının her iki tarafını da 2'şer dakika kızartın ve tuz ve karabiberle tatlandırın. Bir kenara koyun.

c) Yağlanmış 9x13 inçlik bir tavada pirinç ve portakal suyunu birleştirin.

ç) Domuz pirzolalarını pirincin üzerine yerleştirin. Üzerine çorba dökün. Kapağını kapatıp 45 dakika pişirin.

d) Kapağını açın ve 10 dakika daha veya bitene kadar pişirin.

71.Sosis Pepperoni Güveç

İÇİNDEKİLER:

- 1 kiloluk sosis
- 1 orta boy soğan, doğranmış
- 1 paket (3,5 ons) dilimlenmiş biberli
- 1 kavanoz (14 ons) pizza sosu
- 1 ¼ su bardağı rendelenmiş mozzarella peyniri
- 1 su bardağı bisküvi karışımı
- 1 bardak süt
- 2 yumurta, hafifçe dövülmüş

TALİMATLAR:

a) Fırını 400 dereceye kadar önceden ısıtın.

b) Bir tavada sosis ve soğanı sosis pişene kadar birlikte kızartın. Fazla yağı boşaltın ve ardından pepperoniyi ekleyerek karıştırın. Et karışımını yağlanmış 8x8 inçlik bir tavaya yayın. Sosu etin üzerine eşit şekilde dökün. Peyniri sosun üzerine serpin.

c) Ayrı bir kapta bisküvi karışımını, sütü ve yumurtaları karıştırın. Hamuru et karışımı ve sosun üzerine eşit şekilde dökün.

ç) Kapağı açık olarak 25 dakika veya altın rengi kahverengi olana kadar pişirin.

DANA GÜVEÇ

72.Dana Çömlek

İÇİNDEKİLER:
- 1 pound yağsız sığır eti güveç eti, pişmiş
- 1 paket (16 ons) dondurulmuş karışık sebze, çözülmüş
- 1 kavanoz (12 ons) mantar sosu
- ½ çay kaşığı kekik
- 1 tüp (8 ons) soğutulmuş hilal ruloları

TALİMATLAR:
a) Fırını 375 dereceye kadar önceden ısıtın.
b) Rulolar dışındaki tüm malzemeleri yağlanmış 9x13 inçlik bir tavada birleştirin.
c) 20 dakika pişirin.
ç) Fırından çıkarın ve üzerine düzleştirilmiş hamuru yerleştirin.
d) Fırına dönün ve 17-19 dakika veya kabuk altın rengi kahverengi olana kadar pişirin.

73.Biberli Mısır Ekmeği

İÇİNDEKİLER:
- 1 orta boy soğan, doğranmış
- 1 yemek kaşığı tereyağı veya margarin
- 2 kutu (her biri 15 ons) et ve fasulyeli biber
- 1 kutu (11 ons) Meksika usulü mısır, süzülmüş
- 1 su bardağı rendelenmiş kaşar peyniri
- 1 paket mısır ekmeği karışımı (8x8 inç tava boyutunda)

TALİMATLAR:
a) Fırını 425 dereceye kadar önceden ısıtın.

b) Bir tavada soğanı tereyağında soğanlar yumuşayana kadar soteleyin. Biber ve mısırı karıştırın. Biber karışımını yağlanmış 9x13 inçlik bir tavaya yayın. Üzerine peynir serpin.

c) Bir kapta mısır ekmeği karışımını paketin talimatlarına göre karıştırın. Hamuru biber karışımının üzerine eşit şekilde dökün.

ç) 25 dakika veya mısır ekmeği altın kahverengi olana ve ortasına yerleşene kadar pişirin.

74.Ençılada Güveci

İÇİNDEKİLER:
- 1 pound kıyma, kızartılmış ve süzülmüş
- 1 kutu (15 ons) biber, herhangi bir çeşit
- 1 kutu (8 ons) domates sosu
- 1 kutu (10 ons) enchilada sosu
- 1 torba (10 ons) Fritos mısır cipsi, bölünmüş
- 1 su bardağı ekşi krema
- 1 su bardağı rendelenmiş kaşar peyniri

TALİMATLAR:
a) Fırını 350 dereceye kadar önceden ısıtın.
b) Büyük bir kapta pişmiş sığır eti, kırmızı biber, domates sosu ve enchilada sosunu birleştirin. Cipslerin üçte ikisini karıştırın. Karışımı yağlanmış 2 litrelik bir pişirme kabına yayın.
c) Kapağı açık olarak 24-28 dakika veya tamamen ısıtılıncaya kadar pişirin.
ç) Üzerine ekşi kremayı yayın. Ekşi krema üzerine peynir serpin. Kalan cipsleri ezin ve üzerine serpin.
d) 5-8 dakika daha veya peynir eriyene kadar pişirin.

75.Krem Peynirli Enchiladas

İÇİNDEKİLER:

- 1 pound kıyma, kızartılmış ve süzülmüş
- ½ su bardağı doğranmış soğan
- 2 kutu (her biri 8 ons) domates sosu
- ¼ bardak su
- 1 ½ çay kaşığı biber tozu
- ½ çay kaşığı karabiber
- 1 paket (8 ons) krem peynir, yumuşatılmış
- 12 orta boy unlu tortilla
- 2 su bardağı rendelenmiş kaşar peyniri
- kıyılmış marul
- Ekşi krema

TALİMATLAR:

a) Fırını 375 dereceye kadar önceden ısıtın.

b) Büyük bir kapta pişmiş sığır eti, soğan, domates sosu, su ve baharatları birleştirin. Ekmeğin üzerine krem peyniri sürün, yuvarlayın ve yağlanmış 9x13 inçlik bir tavaya yerleştirin. Sığır eti karışımını tortillaların üzerine dökün.

c) Kaşar peyniri serpin. Kapağını kapatıp 25 dakika pişirin.

ç) Kıyılmış marulun üzerine bir parça ekşi krema ekleyerek servis yapın.

76.kırmızı biber

İÇİNDEKİLER:

- 1 pound kıyma, kızartılmış ve süzülmüş
- 1 paket (8 ons) spagetti, pişmiş ve süzülmüş
- ½ su bardağı doğranmış soğan
- 1 su bardağı ekşi krema
- 2 kutu (her biri 8 ons) domates sosu
- 4 ons dilimlenmiş mantar olabilir
- 2 kutu (her biri 16 ons) biber, herhangi bir tür
- 1 diş sarımsak, kıyılmış
- 2 su bardağı rendelenmiş kaşar peyniri

TALİMATLAR:

a) Fırını 350 dereceye kadar önceden ısıtın.

b) Büyük bir kapta peynir dışındaki tüm malzemeleri birleştirin.

c) Karışımı yağlanmış 9x13 inçlik bir tavaya aktarın. Üzerine peynir ekleyin.

ç) 20 dakika pişirin.

77. Derin Yemek Tacoları

İÇİNDEKİLER:
- ½ bardak ekşi krema
- ½ bardak mayonez
- ½ su bardağı rendelenmiş kaşar peyniri
- ¼ bardak doğranmış soğan
- 1 su bardağı bisküvi karışımı
- ¼ bardak soğuk su
- ½ pound kıyma, kızartılmış ve süzülmüş
- 1 orta boy domates, ince dilimlenmiş
- ½ fincan yeşil dolmalık biber, doğranmış

TALİMATLAR:
a) Fırını 375 dereceye kadar önceden ısıtın.
b) Bir kapta ekşi krema, mayonez, peynir ve soğanı birleştirin. Bir kenara koyun.
c) Ayrı bir kapta bisküvi karışımını ve suyu yumuşak bir hamur oluşana kadar karıştırın.
ç) Yağlanmış 8x8 inçlik bir tavanın altına ve yanlarına hamur bastırın.
d) Hamurun üzerine dana eti, domates ve dolmalık biberi katlayın. Üstüne kaşıkla ekşi krema karışımı dökün.
e) 25-30 dakika pişirin.

78.kovboy güveci

İÇİNDEKİLER:

- 1 kiloluk kıyma
- 1 orta boy soğan, doğranmış
- 2 jalapeño biber, çekirdekleri çıkarılmış ve doğranmış
- 2 paket (her biri 6,5 ons) mısır ekmeği karışımı
- ½ çay kaşığı tuz
- ½ çay kaşığı karbonat
- 1 kutu (14,75 ons) kremalı mısır
- ¾ bardak süt
- 2 yumurta, dövülmüş
- 2 su bardağı rendelenmiş kaşar peyniri, bölünmüş

TALİMATLAR:

a) Fırını 350 dereceye kadar önceden ısıtın.

b) Bir tavada sığır eti pişene kadar soğan ve biberle birlikte kızartın. Fazla yağı boşaltın ve bir kenara koyun.

c) Bir kapta mısır ekmeği karışımını, tuzu, karbonatı, mısırı, sütü ve yumurtaları birleştirin. Yağlanmış 9x13 inçlik bir tavanın tabanına hamurun yarısını yayın. Peynirin yarısını hamurun üzerine serpin. Üzerine et karışımını eşit şekilde kaşıkla dökün.

ç) Kalan peyniri et karışımının üzerine serpin ve ardından kalan hamuru üstüne yayın.

d) Kapağı açık olarak 35 dakika veya mısır ekmeği altın rengi kahverengi olana ve ortasına yerleşene kadar pişirin.

79.İnanılmaz Çizburger Pastası

İÇİNDEKİLER:

- 1 pound kıyma, kızartılmış ve süzülmüş
- 1 su bardağı doğranmış soğan
- 1 su bardağı rendelenmiş kaşar peyniri
- 1 bardak süt
- ½ su bardağı bisküvi karışımı
- 2 yumurta

TALİMATLAR:

a) Fırını 325 dereceye kadar önceden ısıtın.

b) Yağlanmış 9x9 inçlik bir tavada, sığır eti, soğan ve peyniri katlayın.

c) Bir kapta süt, bisküvi karışımı ve yumurtaları birleştirin. Hamur karışımını peynirin üzerine yayın.

ç) 25-35 dakika veya ortasına batırılan bıçak temiz çıkana kadar pişirin.

80. Et ve Patates Güveç

İÇİNDEKİLER:

- 1 kiloluk kıyma
- 2 orta boy soğan, doğranmış
- 1 ½ çay kaşığı İtalyan baharatı
- 4 ila 6 orta boy patates, soyulmuş ve ince dilimlenmiş
- tatmak için biber ve tuz
- 1 kutu (10,75 ons) kremalı mantar çorbası, yoğunlaştırılmış
- ⅓ bardak su

TALİMATLAR:

a) Fırını 350 dereceye kadar önceden ısıtın.

b) Bir tavada, sığır eti ve soğanı, sığır eti pişene kadar birlikte kızartın. İtalyan baharatlarını sığır eti karışımına karıştırın. Patateslerin üçte birini yağlanmış 9x13 inçlik bir tavanın altına yerleştirin.

c) Patatesleri tuz ve karabiber serpin.

ç) Üzerine et karışımının yarısını yayın. Patates katmanıyla biten katmanları tekrarlayın. Çorba ve suyu birleştirin. Üzerine çorba karışımını yayın.

d) Kapağını kapatıp 1 saat pişirin.

81. Köfte Güveç

İÇİNDEKİLER:

- 1 kutu (10,75 ons) kremalı tavuk çorbası, yoğunlaştırılmış
- 1 su bardağı ekşi krema
- 1 su bardağı rendelenmiş kaşar peyniri
- 1 büyük soğan, doğranmış
- 1 çay kaşığı tuz
- 1 çay kaşığı karabiber
- 1 paket (30 ons) dondurulmuş rendelenmiş kahverengi kahverengi, çözülmüş
- 20 adet önceden pişirilmiş dondurulmuş köfte

TALİMATLAR:

a) Fırını 350 dereceye kadar önceden ısıtın.

b) Bir kapta çorba, ekşi krema, peynir, soğan, tuz ve karabiberi karıştırın. Bir kağıt havluyla, kahverengileri kurulayın ve ardından çorba karışımına karıştırın.

c) Haşhaş karışımını yağlanmış 9x13 inçlik bir tavaya yayın.

ç) Köfteleri eşit sıralar halinde kahverengi karışıma hafifçe bastırın. Kapağını kapatıp 35 dakika pişirin.

d) Kapağı açın ve 10-15 dakika daha veya kızarmış patatesler pişene kadar pişirin.

82.Soğan Halkalı Barbekü Fırını

İÇİNDEKİLER:
- 1-½ pound kıyma
- 1 orta boy soğan, doğranmış
- 1 kavanoz (18 ons) cevizli barbekü sosu
- 1 torba (16 ons) dondurulmuş soğan halkası

TALİMATLAR:
a) Fırını 425 dereceye kadar önceden ısıtın.
b) Bir tavada, sığır eti ve soğanı, sığır eti pişene kadar birlikte kızartın. Fazla gresi boşaltın. Barbekü sosunu sığır eti ve soğanla karıştırın.
c) Sığır eti karışımını yağlanmış 9x13 inçlik bir tavaya yayın.
ç) Soğan halkalarını üstüne eşit şekilde yerleştirin.
d) 20-25 dakika veya soğan halkaları gevrekleşinceye kadar pişirin.

83.Özensiz Joe Pie Güveç

İÇİNDEKİLER:

- 1 kiloluk kıyma
- 1 orta boy soğan, doğranmış
- 1 kutu (15 ons) ezilmiş domates, sıvıyla birlikte
- 1 zarf özensiz Joe baharatı
- 1 tüp (8 ons) soğutulmuş hilal rulo hamuru

TALİMATLAR:

a) Fırını 375 dereceye kadar önceden ısıtın.
b) Bir tavada, sığır eti ve soğanı, sığır eti pişene kadar birlikte kızartın.
c) Ezilmiş domatesleri ve baharatları dana eti ve soğanla karıştırın.
ç) Orta-düşük ateşte ara sıra karıştırarak 5 dakika pişirin.
d) Sığır eti karışımını yağlanmış, derin 9 inçlik bir pasta tepsisine veya yuvarlak pişirme kabına yerleştirin.
e) İnce noktayı merkeze yerleştirerek, hilal şeklindeki hamur üçgeninin alt kenarını tavanın dışına doğru uzatarak, tek tek düzleştirilmiş hilalleri üstüne yerleştirin.
f) Gerekirse hamuru üst üste getirin.
g) 15 dakika veya kabuk altın rengi kahverengi olana kadar pişirin.

84.Güneybatı Güveç

İÇİNDEKİLER:

- 1 pound kıyma, kızartılmış ve süzülmüş
- 2 kutu (her biri 8 ons) domates sosu
- 1 kutu (12-15 ons) bütün çekirdekli mısır, süzülmüş
- 1 zarf taco baharatı
- 10 orta boy gordita tarzı un ekmeği
- 1 kutu (10,75 ons) kremalı kereviz çorbası, yoğunlaştırılmış
- ¾ bardak süt
- 1-½ bardak rendelenmiş kaşar veya Meksika karışımı peynir

TALİMATLAR:

a) Fırını 350 dereceye kadar önceden ısıtın.

b) Bir kapta pişmiş sığır eti, domates sosu, mısır ve taco baharatını birleştirin. Yağlanmış 9x13 inçlik bir tavanın altını ve yanlarını kaplamak için 6 ekmeği kullanın.

c) Sığır eti karışımını tortillaların üzerine yayın. Sığır eti karışımını kaplamak için kalan tortillaları kullanın, gerekirse uyacak şekilde kesin.

ç) Çorba ve sütü karıştırıp tortillaların üzerine dökün. Üzerine peynir serpin.

d) 20-25 dakika veya kenarları altın kahverengiye dönene kadar pişirin.

85. Tater Tot Güveç

İÇİNDEKİLER:
- 1 kiloluk kıyma
- 1 orta boy soğan, doğranmış
- 2 kutu (her biri 10,75 ons) mantar kreması, yoğunlaştırılmış
- 1 kutu (14,5 ons) bütün çekirdekli mısır, süzülmüş
- 1 su bardağı rendelenmiş kaşar peyniri
- 1 paket (27-32 ons) dondurulmuş patates kızartması

TALİMATLAR:
a) Fırını 350 dereceye kadar önceden ısıtın.
b) Bir tavada, sığır eti ve soğanı, sığır eti pişene kadar birlikte kızartın. Fazla gresi boşaltın.
c) Sığır eti karışımını yağlanmış 9x13 inçlik bir tavanın altına yerleştirin.
ç) Üzerine 1 kaşık çorba konur. Çorba tabakasının üzerine mısır ve peyniri serpin.
d) Tater tots ile örtün.
e) Kalan çorba kutusunu tater tostlarının üzerine yayın. 40 dakika pişirin.

BALIK VE DENİZ ÜRÜNLERİ GÜVEÇLERİ

86.Ton Balığı – Tater Tot Güveç

İÇİNDEKİLER:

- 1 paket (32 ons) dondurulmuş patates kızartması
- 1 kutu (6 ons) ton balığı, süzülmüş
- 1 kutu (10,75 ons) kremalı tavuk çorbası, yoğunlaştırılmış
- ½ bardak süt
- 1 buçuk su bardağı rendelenmiş kaşar peyniri

TALİMATLAR:

a) Fırını 350 dereceye kadar önceden ısıtın.
b) Tater tots'u yağlanmış 2 litrelik bir pişirme kabına yerleştirin.
c) Ton balığı, çorba ve sütü birleştirin.
ç) Tater tostlarının üzerine dökün ve ardından üzerine peynir serpin. Kapağını kapatıp 1 saat pişirin.

87.Geleneksel Ton Balıklı Güveç

İÇİNDEKİLER:

- 1 torba (12 ons) yumurtalı erişte
- 1 kutu (10,75 ons) kremalı mantar çorbası, yoğunlaştırılmış
- ½ bardak süt
- 1 kutu (6 ons) ton balığı, süzülmüş
- 2 su bardağı rendelenmiş kaşar peyniri
- ½ bardak ezilmiş kaşar ve ekşi kremalı patates cipsi

TALİMATLAR:

a) Fırını 400 dereceye kadar önceden ısıtın.
b) Erişteleri paketin üzerindeki talimatlara göre pişirin ve süzün. Çorbayı, sütü, ton balığını ve peyniri erişteler karıştırın.
c) Erişte karışımını yağlanmış 2 litrelik bir pişirme kabına yayın.
ç) 15 dakika pişirin. Üzerine ezilmiş cipsleri ekleyin ve 3-5 dakika daha pişirin.

88.Hardallı Somon Güveç

İÇİNDEKİLER:

- 2 çırpılmış yumurta
- ⅔ bardak tam yağlı süt
- ½ bardak ekşi krema
- ¾ bardak kuru ekmek kırıntısı
- 1 çay kaşığı deniz ürünleri baharatı
- ½ çay kaşığı limon biber baharatı
- ¼ çay kaşığı kurutulmuş dereotu
- 3 su bardağı pişmiş kuşbaşı somon
- 3 yemek kaşığı. doğranmış kereviz
- 2 yemek kaşığı. doğranmış soğan
- 4 ½ çay kaşığı limon suyu
- 1 ⅓ bardak mayonez
- 1 yemek kaşığı. hazırlanmış hardal (en sevdiğinizi kullanın)
- 1 yumurta beyazı
- 2 yemek kaşığı. kıyılmış taze maydanoz

TALİMATLAR:

a) Büyük bir kaseye yumurtaları, sütü ve ekşi kremayı ekleyin. Kombine olana kadar çırpın. Galeta unu, deniz mahsulleri baharatı, limon biberi baharatı ve dereotunu ekleyin. Kombine olana kadar çırpın. Somonu, kerevizi, soğanı ve limon suyunu ekleyin. Birleştirilene kadar karıştırın.

b) Yapışmaz pişirme spreyi ile 11 x 7 pişirme kabına püskürtün. Güveci pişirme kabına kaşıkla dökün. Fırını 350°'ye önceden ısıtın. 25 dakika veya güvecin ortasına batırdığınız bıçak temiz çıkana kadar pişirin.

c) Güveç pişerken küçük bir kaseye mayonez ve hardalı ekleyin. Birleştirilene kadar karıştırın. Küçük bir kaseye yumurta beyazını ekleyin. Yumurtayı çırpın

ç) sert zirveler oluşana kadar beyaz. Mayonez karışımını yavaşça katlayın. Güveç üzerine yayıldı. 10-13 dakika veya tepesi kabarıncaya ve hafifçe kızarıncaya kadar pişirin. Fırından çıkarıp üzerine maydanoz serpin.

89.Somon Yemeği Güveç

İÇİNDEKİLER:

- ⅓ bardak doğranmış yeşil dolmalık biber
- 3 yemek kaşığı. doğranmış soğan
- 2 yemek kaşığı. sebze yağı
- ¼ bardak çok amaçlı un
- ½ çay kaşığı tuz
- 1 ½ su bardağı tam yağlı süt
- 10,75 ons kremalı kereviz çorbası konservesi
- 6 ons pkg. kemiksiz derisiz pembe somon
- 1 su bardağı dondurulmuş yeşil bezelye
- 2 çay kaşığı limon suyu
- 8 ct. buzdolabında hilal ruloları olabilir

TALİMATLAR:

a) Orta ateşte büyük bir tavaya yeşil dolmalık biberi, soğanı ve bitkisel yağı ekleyin. 5 dakika soteleyin. Tavaya çok amaçlı un ve tuzu ekleyin. Sürekli karıştırarak 1 dakika pişirin. Sürekli karıştırırken yavaş yavaş sütü ekleyin.

b) Karıştırmaya devam edin ve 2-3 dakika veya sos kalınlaşıp kabarcıklar oluşana kadar pişirin. Tavayı ocaktan alın.

c) Kremalı kereviz çorbası, somon balığı, yeşil bezelye ve limon suyunu tavaya ekleyin. Birleştirilene kadar karıştırın ve 11 x 7'lik bir pişirme kabına kaşıkla dökün. Fırını 375°'ye önceden ısıtın.

ç) Hilal hamurunu kutudan çıkarın. Hamuru açmayın. Hamuru 8 dilime bölün ve güvecin üzerine yerleştirin.

d) 12-15 dakika veya hilal şeklindeki kabuk altın rengi kahverengi olana ve güveç sıcak olana kadar pişirin. Fırından çıkarıp servis yapın.

90.Bayou Deniz Mahsüllü Güveç

İÇİNDEKİLER:

- 8 ons krem peynir, küp şeklinde
- 4 yemek kaşığı. tuzsuz tereyağı
- 1 ½ su bardağı doğranmış soğan
- 2 kereviz kaburgası, doğranmış
- 1 büyük yeşil dolmalık biber, doğranmış
- 1 kiloluk pişmiş orta boy karides, soyulmuş ve ayrılmış
- 2 kutu süzülmüş ve pul pul dökülmüş yengeç eti, 6 ons boyutunda
- 10,75 ons kremalı mantar çorbası konservesi
- ¾ bardak pişmiş pirinç
- 4 ons kavanoz dilimlenmiş mantar, süzülmüş
- 1 çay kaşığı sarımsak tuzu
- ¾ çay kaşığı Tabasco sosu
- ½ çay kaşığı acı biber
- ¾ su bardağı rendelenmiş kaşar peyniri
- ½ bardak ezilmiş Ritz kraker

TALİMATLAR:

a) Fırını 350°'ye önceden ısıtın. Yapışmaz pişirme spreyi ile 2 litrelik bir fırın tepsisine püskürtün. Küçük bir sos tavasına kısık ateşte krem peyniri ve 2 yemek kaşığı tereyağını ekleyin.

b) Sürekli karıştırarak krem peynir ve tereyağı eriyene kadar pişirin. Tavayı ocaktan alın.

c) Orta ateşte büyük bir tavaya soğanı, kerevizi, yeşil biberi ve 2 yemek kaşığı tereyağını ekleyin. 6 dakika veya sebzeler yumuşayana kadar soteleyin.

ç) Karides, yengeç, kremalı mantar çorbası, pirinç, mantar, sarımsak tuzu, Tabasco sosu, kırmızı biber ve krem peynir karışımını ekleyin. Birleştirilene kadar karıştırın. Tavayı ocaktan alın ve pişirme kabına kaşıkla dökün.

d) Güvecin üzerine çedar peyniri ve Ritz krakerlerini serpin.

e) 25 dakika veya güveç sıcak ve kabarcıklı hale gelinceye kadar pişirin. Fırından çıkarıp servis yapın.

91.Kremalı Deniz Mahsüllü Güveç

İÇİNDEKİLER:

- 1 kiloluk pisi balığı filetosu, 1 inçlik parçalar halinde kesilmiş
- 1 pound çiğ orta boy karides, soyulmuş ve ayrılmış
- 10,75 ons kremalı karides çorbası konservesi
- ¼ bardak tam yağlı süt
- 1 su bardağı ezilmiş Ritz kraker
- ¼ su bardağı rendelenmiş parmesan peyniri
- 1 çay kaşığı kırmızı biber
- 2 yemek kaşığı. eritilmiş tuzsuz tereyağı

TALİMATLAR:

a) Fırını 350°'ye önceden ısıtın. Yapışmaz pişirme spreyi ile 11 x 7 pişirme kabına püskürtün. Pisi balığı parçalarını ve karidesleri pişirme kabına yerleştirin.

b) Bir karıştırma kabına kremalı karides çorbası ve sütü ekleyin. Birleşene kadar karıştırın ve balığın ve karidesin üzerine yayın.

c) Küçük bir kaseye Ritz krakerlerini, Parmesan peynirini, kırmızı biberi ve tereyağını ekleyin. Birleşene kadar karıştırın ve güvecin üzerine serpin.

ç) 25 dakika kadar veya balıklar çatalla kolayca pul pul dökülene ve karidesler pembeleşene kadar pişirin.

d) Fırından çıkarıp servis yapın.

92.Halibut Güveç

İÇİNDEKİLER:

- 5 yemek kaşığı. tuzsuz tereyağı
- ¼ bardak çok amaçlı un
- ½ çay kaşığı tuz
- ⅛ çay kaşığı beyaz biber
- 1 ½ su bardağı tam yağlı süt
- 1 su bardağı doğranmış yeşil dolmalık biber
- 1 su bardağı doğranmış soğan
- 2 su bardağı pişmiş halibut, küp şeklinde
- 3 adet haşlanmış yumurta, doğranmış
- 2 ons kavanoz doğranmış kırmızı yenibahar, süzülmüş
- ⅓ su bardağı rendelenmiş kaşar peyniri

TALİMATLAR:

a) Orta ateşteki büyük bir sos tavasına 4 yemek kaşığı tereyağı ekleyin. Tereyağı eriyince çok amaçlı unu, tuzu ve beyaz biberi ekleyin.

b) Sürekli karıştırarak 1 dakika pişirin. Sürekli karıştırırken yavaş yavaş sütü ekleyin. Karıştırmaya devam edin ve yaklaşık 2 dakika veya sos kalınlaşana kadar pişirin. Tavayı ocaktan alın ve tavanın üzerine bir kapak yerleştirin.

c) Fırını 375°'ye önceden ısıtın. Yapışmaz pişirme spreyi ile 1 ½ litrelik bir güveç kabına püskürtün. Orta ateşte küçük bir tavaya 1 yemek kaşığı tereyağı ekleyin. Tereyağı eriyince yeşil biberi ve soğanı ekleyin.

ç) 5 dakika veya sebzeler yumuşayana kadar soteleyin. Ateşten alıp sosa ekleyin.

d) Halibutu, haşlanmış yumurtayı ve kırmızı yenibaharı sosa ekleyin. Kombine olana kadar karıştırın ve güveç kabına kaşıkla dökün.

e) Güvecin üzerine kaşar peynirini serpin.

f) 15-20 dakika veya güveç sıcak ve kabarcıklı hale gelinceye kadar pişirin.

g) Fırından çıkarıp servis yapın.

93.Fırında Dil ve Ispanaklı Güveç

İÇİNDEKİLER:
- 16 bardak su
- 8 ons pkg. yumurtalı erişte
- 3 yemek kaşığı. tuzsuz tereyağı
- 3 yemek kaşığı. çok amaçlı un
- 3 bardak tam yağlı süt
- 1 buçuk su bardağı rendelenmiş kaşar peyniri
- 1 yemek kaşığı. limon suyu
- 1 çay kaşığı tuz
- 1 çay kaşığı öğütülmüş hardal
- 1 çay kaşığı Worcestershire sosu
- ⅛ çay kaşığı öğütülmüş hindistan cevizi
- ⅛ çay kaşığı karabiber
- 2 paket. çözülmüş ve sıkılmış kuru dondurulmuş ıspanak, 10 ons büyüklüğünde
- 1 ½ pound dil balığı filetosu
- ¼ bardak kızarmış şeritli badem

TALİMATLAR:

a) Orta ateşteki büyük bir sos tavasına suyu ekleyin. Su kaynayınca yumurtalı erişteyi ekleyip karıştırın. 6 dakika veya erişteler yumuşayana kadar pişirin. Tavayı ocaktan alın ve erişteleredeki tüm suyu boşaltın.

b) Orta ateşteki büyük bir sos tavasına tereyağını ekleyin. Tereyağı eridiğinde çok amaçlı unu ilave edin. Sürekli karıştırarak 1 dakika pişirin.

c) Sürekli karıştırırken yavaş yavaş sütü ekleyin.

ç) Karıştırmaya devam edin ve 2 dakika veya sos kalınlaşıp kabarcıklar oluşana kadar pişirin.

d) Tavaya 1 su bardağı kaşar peyniri, limon suyu, tuz, hardal, Worcestershire sosu, hindistan cevizi ve karabiberi ekleyin. Birleştirilene ve peynir eriyene kadar karıştırın.

e) Erişteleri sosa ekleyin. Birleştirilene kadar karıştırın. Sosun yarısını çıkarın ve bir kaseye koyun.

f) Fırını 375°'ye önceden ısıtın. Yapışmaz pişirme spreyi ile 9 x 13'lük bir fırın tepsisine püskürtün. Kalan sosu fırın tepsisine kaşıkla dökün. Ispanakları fırın tepsisindeki sosun üzerine yerleştirin. Taban filetolarını üstüne yerleştirin.

g) Üzerine ayırdığınız peynir sosunu yayın. Bademleri sosun üzerine serpin.

ğ) 30 dakika veya güveç kabarcıklanıp tabanı çatalla kolayca pul pul dökülene kadar pişirin. Fırından çıkarıp servis yapın.

94.Mısır ve Balık Çubuk Güveç

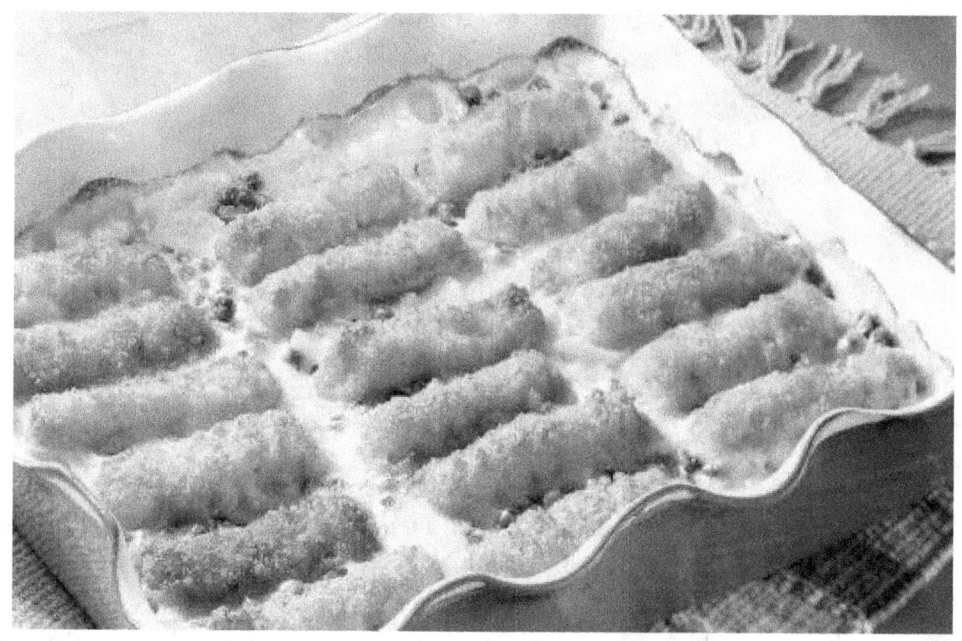

İÇİNDEKİLER:

- ¼ bardak doğranmış soğan
- ¼ bardak doğranmış yeşil dolmalık biber
- ¼ bardak tuzsuz tereyağı, küp şeklinde
- ¼ bardak çok amaçlı un
- 1 ½ çay kaşığı tuz
- ¼ çay kaşığı karabiber
- 2 çay kaşığı toz şeker
- 2 kutu haşlanmış domates, 14 ons büyüklüğünde
- 2 paket. çözülmüş dondurulmuş bütün çekirdekli mısır, 10 ons boyutunda
- 24 ons pkg. dondurulmuş balık çubukları

TALİMATLAR:

a) Fırını 350°'ye önceden ısıtın. Yapışmaz pişirme spreyi ile iki adet 11 x 7 pişirme kabına püskürtün. Orta ateşte büyük bir tavaya soğanı, yeşil dolmalık biberi ve tereyağını ekleyin. 4 dakika soteleyin.

b) Tavaya çok amaçlı un, tuz, karabiber ve toz şekeri ekleyin. Sürekli karıştırarak 1 dakika pişirin. Domatesleri suyuyla birlikte tavaya ekleyin. Sürekli karıştırın ve 2-3 dakika veya sos kalınlaşıp kabarcıklar oluşana kadar pişirin. Tavayı ocaktan alıp mısırı ekleyin. Birleştirilene kadar karıştırın. Pişirme kaplarına kaşıkla dökün.

c) Balık çubuklarını güvecin üstüne yerleştirin. Bulaşıkları alüminyum folyo ile örtün. 25 dakika pişirin. Alüminyum folyoyu çıkarın. 15 dakika kadar veya balık çubukları altın rengi kahverengi olana ve güveç sıcak ve kabarcıklı hale gelinceye kadar pişirin.

ç) Fırından çıkarıp servis yapın.

95. İstiridye Güveç

İÇİNDEKİLER:
- 1 litre kabuğu soyulmuş istiridye
- 2 su bardağı doğranmış soğan
- 1 ½ su bardağı doğranmış kereviz
- ¾ su bardağı tuzsuz tereyağı
- ½ bardak çok amaçlı un
- 2 su bardağı yarım buçuk krema
- 2 çay kaşığı kıyılmış taze maydanoz
- 1 çay kaşığı tuz
- ½ çay kaşığı kurutulmuş kekik
- ¼ çay kaşığı karabiber
- ⅛ çay kaşığı acı biber
- 4 adet çırpılmış yumurta sarısı
- 2 bardak ezilmiş Ritz kraker

TALİMATLAR:

a) İstiridyeleri boşaltın ancak istiridyelerin likörünü küçük bir kasede saklayın. Orta ateşteki büyük bir sos tavasına soğanları, kerevizi ve ½ bardak tereyağını ekleyin. 6 dakika veya sebzeler yumuşayana kadar soteleyin.

b) Çok amaçlı unu tavaya ekleyin. Sürekli karıştırarak 1 dakika pişirin. Sürekli karıştırarak kremanın yarısını yavaş yavaş ekleyin. Karıştırmaya devam edin ve yaklaşık 2 dakika veya sos kalınlaşıp kabarcıklar oluşana kadar pişirin.

c) Isıyı en aza indirin. Maydanoz, tuz, kekik, karabiber, kırmızı biber ve ayrılmış istiridye sıvısını ekleyin. Sürekli karıştırarak 2 dakika pişirin. Çırpılmış yumurta sarılarını küçük bir kaseye ekleyin. Yumurtalara 1 yemek kaşığı sos ekleyin. Kombine olana kadar çırpın. Sarılara bir çorba kaşığı sos daha ekleyin.

ç) Kombine olana kadar çırpın. Yumurta sarılarını tavaya ekleyin ve birleşene kadar karıştırın. Tavayı ocaktan alın.

d) Yapışmaz pişirme spreyi ile 9 x 13'lük bir fırın tepsisine püskürtün. Fırını önceden 400°'ye ısıtın. Sosun yarısını fırın tepsisine yayın.

e) İstiridyelerin yarısını sosun üzerine yayın. Ritz krakerlerinin yarısını üstüne serpin. Katmanlama adımlarını 1 kez daha tekrarlayın.

f) Mikrodalgaya uygun bir kaseye ¼ bardak tereyağı ekleyin. Mikrodalgada 30 saniye veya tereyağı eriyene kadar pişirin. Mikrodalgadan çıkarın ve kraker kırıntılarının üzerine tereyağını gezdirin. 25 dakika veya güveç kabarcıklı ve altın rengi kahverengi olana kadar pişirin.

g) Fırından çıkarın ve servis yapmadan önce güveci 10 dakika dinlendirin.

96.Karides Creole Güveç

İÇİNDEKİLER:
- 2 yemek kaşığı. zeytin yağı
- 1,5 su bardağı doğranmış yeşil dolmalık biber
- 1 su bardağı doğranmış soğan
- ⅔ su bardağı doğranmış kereviz
- 2 diş sarımsak, kıyılmış
- 1 su bardağı kuru uzun taneli pirinç
- 14 ons doğranmış domates olabilir
- 2 çay kaşığı Tabasco sosu
- 1 çay kaşığı kurutulmuş kekik
- ¾ çay kaşığı tuz
- ½ çay kaşığı kurutulmuş kekik
- Tatmak için karabiber
- 1 pound orta taze karides, soyulmuş ve ayrılmış
- 1 yemek kaşığı. taze kıyılmış maydanoz

TALİMATLAR:
a) Fırını önceden 325°'ye ısıtın. Orta yüksek ateşte büyük bir tavaya zeytinyağını ekleyin. Yağ ısınınca yeşil biberi, soğanı, kerevizi ve sarımsağı ekleyin. 5 dakika soteleyin. Pirinci tavaya ekleyin. 5 dakika soteleyin.

b) Domatesleri boşaltın ancak sıvıyı saklayın. Domates sıvısına 1 ¾ bardağa eşit su ekleyin. Tadına göre tavaya domates, domates suyu, Tabasco sosu, kekik, tuz, kekik ve karabiber ekleyin.

c) Kombine olana kadar karıştırın ve 2 dakika pişirin. Tavayı ocaktan alın ve karidesleri ekleyip karıştırın.

ç) Güveci 2 ½ litrelik bir pişirme kabına kaşıkla dökün. Çanağı alüminyum folyo ile örtün. 50-55 dakika veya pirinç yumuşayana kadar pişirin.

d) Yemeği fırından çıkarın ve üzerine maydanoz serpin.

97.Deniz Ürünlü Graten Güveç

İÇİNDEKİLER:

- 8 ons pişmiş orta boy karides, soyulmuş ve ayrılmış
- 8 ons pişmiş yengeç eti
- 8 ons pişmiş dil balığı, doğranmış
- 8 ons pişmiş ıstakoz, doğranmış
- 2 yemek kaşığı. tuzsuz tereyağı
- 2 yemek kaşığı. çok amaçlı un
- ½ bardak tam yağlı süt
- ¼ su bardağı rendelenmiş parmesan peyniri
- ½ bardak Coca Cola
- 2 yemek kaşığı. Panko ekmek kırıntıları

TALİMATLAR:

a) Fırını önceden 325°'ye ısıtın. Yapışmaz pişirme spreyi ile 2 litrelik bir fırın tepsisine püskürtün. Karides, yengeç, dil balığı ve ıstakozu pişirme kabına ekleyin. Orta ateşteki tavaya tereyağını ekleyin.

b) Tereyağı eridiğinde çok amaçlı unu ekleyin. Sürekli karıştırarak 1 dakika pişirin.

c) Sürekli karıştırarak yavaş yavaş sütü ve Parmesan peynirini ekleyin. Sürekli karıştırın ve 3 dakika veya sos kalınlaşıp kabarcıklar oluşana kadar pişirin.

ç) Tavayı ocaktan alın ve Coca Cola'yı ekleyerek karıştırın. Sosu, pişirme kabındaki deniz ürünlerinin üzerine yayın. En üste ekmek kırıntılarını serpin.

d) 20 dakika veya güveç sıcak ve kabarcıklı hale gelinceye kadar pişirin. Fırından çıkarın ve servis yapmadan önce 5 dakika soğutun.

TATLI GÜVEÇLER

98.Çilekli Kurabiye Güveç

İÇİNDEKİLER:
- 3 ½ bardak ağır krema
- 16 ons mascarpone kreması, oda sıcaklığında ½ bardak artı 2 yemek kaşığı. toz şeker
- 2 çay kaşığı vanilya özü
- ¼ çay kaşığı tuz
- 90 kurabiye
- 2 kilo taze çilek, kabuğu soyulmuş ve dilimlenmiş
- 1 muz, soyulmuş ve dilimlenmiş

TALİMATLAR:

a) Ağır kremayı, mascarpone kremasını, pudra şekerini, vanilya özütünü ve tuzu bir karıştırma kabına ekleyin. Orta hızda bir karıştırıcı kullanarak neredeyse sert zirveler elde edene kadar çırpın. Krema sert fakat yine de sürülebilir olmalıdır.

b) 9 x 13'lük bir fırın tepsisinin tabanına ince bir tabaka krema sürün. Kremanın üzerine bir kat kurabiye kurabiyesi koyun. Kalan kremanın ¼'ünü kurabiyelerin üzerine sürün. Çileklerin ⅓'ünü kremanın üzerine yerleştirin. Çileklerin üzerine bir kat daha kurabiye yerleştirin.

c) Kurabiyelerin üzerine bir kat daha krema sürün. Çileklerin ⅓'ünü kremanın üzerine yerleştirin. Çileklerin üzerine bir kat daha kurabiye yerleştirin. Katmanlama adımlarını 1 kez daha tekrarlayın.

ç) Muz dilimlerini en üste yerleştirin. Kalan kremayı güvecin üzerine yayın. Tavayı plastik ambalajla örtün. Servis yapmadan önce en az 6 saat buzdolabında bekletin.

99.Çikolata Parçalı Muzlu Krep Güveç

İÇİNDEKİLER:

- 4 yumurta
- 1 bardak ağır krema
- ¼ bardak akçaağaç şurubu
- 1 çay kaşığı vanilya özü
- 40 dondurulmuş minyatür krep, çözülmüş
- 2 muz, soyulmuş ve ince dilimlenmiş
- ¾ bardak minyatür çikolata parçacıkları
- Damak tadınıza göre pudra şekeri

TALİMATLAR:

a) Yapışmaz pişirme spreyi ile 9 inçlik yuvarlak bir kek kalıbına püskürtün. Bir karıştırma kabına yumurtaları, kremayı, akçaağaç şurubunu ve vanilya özünü ekleyin. Kombine olana kadar çırpın. Kreplerin yarısını kek kalıbına yerleştirin.

b) Muz dilimlerinin yarısını kreplerin üzerine yerleştirin. Kreplerin üzerine çikolata parçacıklarının yarısını serpin. Üzerine yumurtalı karışımın yarısını dökün. Katmanlama adımlarını bir kez daha tekrarlayın.

c) Tavayı alüminyum folyo ile kaplayın. 2 saat buzdolabında bekletin. Buzdolabından çıkarın ve güveci oda sıcaklığında 30 dakika bekletin. Fırını 350°'ye önceden ısıtın. 30 dakika pişirin. Alüminyum folyoyu tavadan çıkarın.

ç) 5-10 dakika veya güveç hazırlanıp krepler sıcak olana kadar pişirin.

d) Fırından çıkarın ve tadına göre pudra şekeri serpin.

100. Smores Güveç

İÇİNDEKİLER:
- 2 yaprak dondurulmuş puf böreği, çözülmüş
- 1 pound krem peynir, yumuşatılmış
- 1 su bardağı toz şeker
- 7 ons kavanoz hatmi kreması
- 9 graham kraker
- 6 yemek kaşığı. eritilmiş tuzsuz tereyağı
- 1 su bardağı yarı tatlı çikolata parçaları
- 2 su bardağı minyatür marshmallow

TALİMATLAR:

a) Fırını 375°'ye önceden ısıtın. Yapışmaz pişirme spreyi ile 9 x 13'lük bir fırın tepsisine hafifçe püskürtün. 1 adet milföy hamurunu fırın tepsisinin tabanına sığacak büyüklükte açın. Milföy hamurunu tavanın tabanına yerleştirin. Milföy hamurlarının her yerine çatalla delikler açın.

b) 4 dakika pişirin. Fırından çıkarın ve doldurmadan önce tamamen soğutun.

c) Bir karıştırma kabına krem peyniri ve ¾ su bardağı toz şekeri ekleyin. Orta hızda bir karıştırıcı kullanarak pürüzsüz ve birleşene kadar çırpın. Marshmallow kremasını kaseye ekleyin. Birleşene kadar karıştırın ve tavadaki puf böreğinin üzerine yayın.

ç) Graham krakerlerini küçük bir kasede kırıntılara kadar ezin. Kaseye 2 yemek kaşığı toz şeker ve 3 yemek kaşığı tereyağını ekleyin. Birleşene kadar karıştırın ve krema dolgusunun üzerine serpin.

d) Üzerine çikolata parçacıkları ve minyatür marshmallow serpin. İkinci yufkayı üstünü kaplayacak büyüklükte açın.

e) Hamurun her yerine çatalla delikler açın ve güvecin üzerine yerleştirin. Milföy hamurlarının üzerine 3 yemek kaşığı tereyağı sürün. Kalan toz şekeri de üzerine serpin.

f) 12-15 dakika veya puf böreği kabarıp altın rengi kahverengi olana kadar pişirin.

g) Fırından çıkarın ve servis yapmadan önce 5 dakika soğutun.

ÇÖZÜM

" Hızlı Düzeltilen Güveç Yemek Kitabı " ile yolculuğumuzu tamamlarken, lezzetli ve konforlu yiyecekleri kolaylıkla hazırlamanın keyfini ve rahatlığını keşfettiğinizi umuyoruz. Güveçlerin, ister ailenizle yemek masasında, ister arkadaşlarla bir öğle yemeğinde olsun, insanları bir araya getirmenin özel bir yolu vardır. Güveç pişirme dünyasını keşfetmeye devam ederken, denediğiniz her tarifin sizi ev yapımı yemeklerin basit zevklerine ve değerli anılara yaklaştırmasını dilerim.

Bu yemek kitabının son sayfaları çevrildiğinde ve pişmiş lezzetlerin aromaları mutfağınızda kalırken, bilin ki yolculuk burada bitmiyor. Yeni malzemelerle denemeler yapın, tarifleri zevk tercihlerinize göre özelleştirin ve lezzetli yemekleri sevdiklerinizle paylaşmanın keyfini yaşayın. Kendinizi hızlı ve rahatlatıcı bir yemeğe ihtiyaç duyduğunuzda bulduğunuzda, " Hızlı Düzeltilen Güveç Yemek Kitabı " mutfak maceralarınızda size rehberlik etmeye hazır olacak.

Güveç dünyasındaki bu lezzetli yolculuğa bize katıldığınız için teşekkür ederiz. Mutfağınız pişmiş lezzetlerin rahatlatıcı kokularıyla, sofranız sevdiklerinizin kahkahalarıyla, kalbiniz ev yemeklerinin sıcaklığıyla dolsun. Tekrar buluşana kadar, mutlu yemek pişirme ve afiyet olsun!

www.ingramcontent.com/pod-product-compliance
Lightning Source LLC
Chambersburg PA
CBHW070418120526
44590CB00014B/1450